Los Antiguos Cananeos

Una Fascinante Guía de la Civilización Cananea que Dominó la Tierra de Canaán Antes de los Antiguos Israelitas

© Copyright 2020

Todos los derechos reservados. Ninguna parte de este libro puede ser reproducida de ninguna forma sin el permiso escrito del autor. Los revisores pueden citar breves pasajes en las reseñas.

Descargo de responsabilidad: Ninguna parte de esta publicación puede ser reproducida o transmitida de ninguna forma o por ningún medio, mecánico o electrónico, incluyendo fotocopias o grabaciones, o por ningún sistema de almacenamiento y recuperación de información, o transmitida por correo electrónico sin permiso escrito del editor.

Si bien se ha hecho todo lo posible por verificar la información proporcionada en esta publicación, ni el autor ni el editor asumen responsabilidad alguna por los errores, omisiones o interpretaciones contrarias al tema aquí tratado.

Este libro es solo para fines de entretenimiento. Las opiniones expresadas son únicamente las del autor y no deben tomarse como instrucciones u órdenes de expertos. El lector es responsable de sus propias acciones.

La adhesión a todas las leyes y regulaciones aplicables, incluyendo las leyes internacionales, federales, estatales y locales que rigen la concesión de licencias profesionales, las prácticas comerciales, la publicidad y todos los demás aspectos de la realización de negocios en los EE. UU., Canadá, Reino Unido o cualquier otra jurisdicción es responsabilidad exclusiva del comprador o del lector.

Ni el autor ni el editor asumen responsabilidad alguna en nombre del comprador o lector de estos materiales. Cualquier desaire percibido de cualquier individuo u organización es puramente involuntario.

Índice de Contenidos

INTRODUCCIÓN 1
   ¿Qué es y dónde se encuentra Canaán? 1
   Las Cartas de Amarna y Otros Documentos 4

CAPÍTULO 1 – EDAD DE BRONCE TEMPRANA 3500-2000 A. E. C. 7
   ¿Qué es la Edad de Bronce? 7
   Viviendas y Pueblos 10
   ¿Por qué los cananeos abandonaron sus ciudades? 10

CAPÍTULO 2 – EDAD DE BRONCE MEDIA 2000-1550 A. E. C. 12
   La Expansión de los Hicsos 13
   Egipto durante la era de los Hicsos 18
   Hazor 20
   Entierros y Prácticas Funerarias 21
   Gobierno y Estructura Social 22

CAPÍTULO 3 – EDAD DE BRONCE TARDÍA 1550-1200 A. E. C. 24
   La Primera Campaña de Tutmosis III 25
   De la Segunda a la Cuarta Campaña de Tutmosis III y la Conquista de Siria 30
   Amenhotep II 32
   Los Habiru 34
   El Imperio Asirio Medio 35

CAPÍTULO 4 - EL COLAPSO DE LA EDAD DE BRONCE Y LA EDAD DE HIERRO 36
El Colapso de la Edad de Bronce.. 36
Catástrofes Climáticas 37
El Auge de la Herrería 38
Colapso General de Sistemas 39
Los Pueblos del Mar 39
Canaán durante el Colapso 40
El Auge del Antiguo Israel y Judá 41
Dominio Neoasirio hasta el Fin de la Edad de Hierro 43
Nota sobre el Comercio 46

CAPÍTULO 5 - LA CULTURA DE LOS CANANEOS 47
Comida 48
Vestuario 51
Actividades de Ocio 53
Roles de Género 53
Idiomas Cananeos 54

CAPÍTULO 6 - CANAÁN EN LAS ESCRITURAS JUDÍAS Y CRISTIANAS 57
Resumen del Antiguo Testamento 57
Resumen del Nuevo Testamento 59
¿Dónde está Canaán en la Biblia? 59
La Tierra Prometida 60
La reputación de Canaán 62

CAPÍTULO 7 - RELIGIÓN Y CULTO 66
El 67
Astarot 69
Mot 71
Baal o Hadad 72
Yam 74
Anat 76
Prácticas Religiosas 77

CONCLUSIÓN 79

REFERENCIAS 82

Introducción

¿Qué es y dónde se encuentra Canaán?

Muchas personas en el mundo occidental contemporáneo han escuchado sobre la cuasi-mítica Canaán. La Biblia hace referencia muchas veces a esta civilización, incluyendo la mención cuando Dios ordenó a los israelitas destruir a los cananeos tras la huida de los israelitas desde Egipto. Sin embargo, la historia real de esta civilización no coincide completamente con lo señalado por fuentes teológicas. Por ejemplo, la civilización cananea consistió en multitud de diferentes pueblos del mismo grupo étnico, pero con diferentes culturas. Las fronteras de la región además eran frecuentemente redefinidas. Por otro lado, quedan muy pocos registros escritos de Canaán, haciendo que para los estudiosos las investigaciones sean muy difíciles.

Existen diferentes teorías acerca del origen del nombre "Canaán". La más aceptada indica que el nombre significa "Tierra de púrpura". Una de las especies comercializadas con otras civilizaciones era un tinte especial de color púrpura o índigo extraído de un crustáceo que se encuentra cerca de las costas de la actual Palestina. Otra posibilidad más antigua y menos probable es que el nombre provenga de una raíz semítica que significa "bajo", "humilde", o "subyugado". Algunos estudiosos creen que esto podría traducirse a los cananeos viviendo en un área de tierras bajas, ya que es poco probable que el nombre se refiriera a un tema bíblico, como lo propuso el teórico original, ya en el año 2000 a. e. c.

Ejemplo de un tinte moderno extraído de un crustáceo

El Canaán temprano en la época antes de la Edad de Bronce Temprana (3500-2000 a. e. c.) habría sido poblado por pueblos nómadas originados en el este, y se establecieron en la región conocida como el Levante. Este Levante comprende una gran porción del Próximo Oriente, Medio Oriente y del norte de África. Esta área corresponde a los países contemporáneos de Chipre, Israel, Iraq, Jordania, Líbano, Palestina, Siria, y algunas secciones de Turquía.

Mapa del Medio Oriente - Ubicación del Levante

La mayoría de la información conocida sobre Canaán es en realidad muy reciente. Una oleada de expediciones arqueológicas y artefactos encontrados durante el siglo 20 e. c. resultaron en una imagen más clara sobre la ubicación y prácticas de esta antigua civilización. Antes del descubrimiento de esta evidencia, los estudiosos creían que Canaán estaba completamente limitado a la Tierra Santa Judía, como se mencionaba en documentos religiosos como la Torá o la Biblia. Por ejemplo, el siguiente mapa es de 1762, hecho por el cartógrafo y desarrollador de atlas Robert de Vaugondy.

Mapa de Canaán del siglo 18 e. c.

Los documentos y fuentes descubiertos por arqueólogos no fueron creados por los cananeos. Hasta este momento, los estudiosos no han podido encontrar tablillas, cartas, o formas de escritura que puedan proveer un registro histórico de la civilización o describir sus principales estructuras sociales. En cambio, los profesionales han construido una idea aproximada de cómo era Canaán examinando los hitos arquitectónicos que aún permanecen, y encontrando referencias a Canaán en los registros dejados por otras civilizaciones.

Las Cartas de Amarna y Otros Documentos

Numerosas referencias a Canaán pueden encontrarse en las Cartas de Amarna. Estas fueron documentos escritos al Faraón Akenatón durante el siglo 14 a. e. c., usualmente por regidores, gobernantes, y príncipes de los estados vasallos del masivo Imperio egipcio. Los estados vasallos eran reinos, provincias, u otros grupos que tenían su propia forma de gobierno, pero pagaban tributos a un estado más grande y poderoso. Las Cartas de Amarna son como tablillas de arcilla en las que los escribas escribieron en cuneiforme. Antes del papel, los escribas usaban arcilla fresca y escribían con un estilete tallando en el material húmedo. Las tablillas que necesitaban ser permanentes o que serían enviadas a otras personas eran horneadas para permanecer firmes. Muchas de estas antiguas tablillas componen la gran mayoría de las Cartas de Amarna.

Una Carta de Amarna en arcilla

Algunas de las referencias a Canaán incluían frases o decretos como este, una carta de Burna-Buriash II a Tutankamón:

En la era de Kurigalzu, mi antecesor, todos los cananeos escribieron aquí a él diciendo, '¡[Ve]n a la frontera del país, para que podamos revelarnos y aliarnos [con]tigo!'. Mi antecesor les envió esta (respuesta), señalando 'Olvídense de aliarse conmigo. Si se convierten en enemigos del rey de Egipto, y se alían con cualquier otro ¿No vendré y los saquearé? ¿Cómo puede haber una alianza conmigo?'. (EA-9)

Y estos extractos de cartas de Rib-Hadda:

> *Anteriormente, al ver un hombre de Egipto, los reyes de Canaán huían ante él, pero ahora los hijos de Abdi-Ashirta hacen a los hombres de Egipto merodear como perros. (Ea=109)*
>
> *Si él no envía arqueros, ellos tomarán [Biblos] y todas las otras ciudades, y las tierras de Canaán no pertenecerán al rey. Podría el rey preguntar a Yanhamu acerca de estos asuntos. (EA-131)*
>
> *Si el rey olvida a Biblos, de todas las ciudades de Canaán, ninguna será suya. (Ea-127)* [1]

Estas Cartas de Amarna continúan siendo uno de los recursos más duraderos que los historiadores pueden usar para reconstruir la ubicación exacta de Canaán y cuánta influencia las dinastías egipcias tuvieron sobre los cananeos y sus vecinos. Algunas otras importantes fuentes de información incluyen los escritos en ruinas en lugares como Karnak, registros hechos por los asirios y los babilonios, las tablillas de Ebla, los textos de Ugarit, las tablillas de Ashur y las Cartas de Hattusa. De todas estas, el segundo recurso más importante corresponde a los textos de Ugarit, los que también revelaron un idioma desconocido hasta su descubrimiento en la década de 1920.

---

[1] Nadav Na'aman, *Canaan in the 2nd millennium B.C.E.* (Eisenbrauns: 2005).

Capítulo 1 – Edad de Bronce Temprana 3500-2000 a. e. c.

¿Qué es la Edad de Bronce?

La Edad de Bronce hace referencia a un período de tiempo categorizado por el metal principalmente usado para armas, herramientas y otros importantes implementos: bronce. El bronce es una aleación metálica que consiste en cobre y estaño, aunque los herreros en algunas ocasiones agregaban componentes como arsénico y níquel para afectar la durabilidad y la flexibilidad. Durante la Edad de Bronce, el metal de ese nombre era la sustancia más dura disponible.

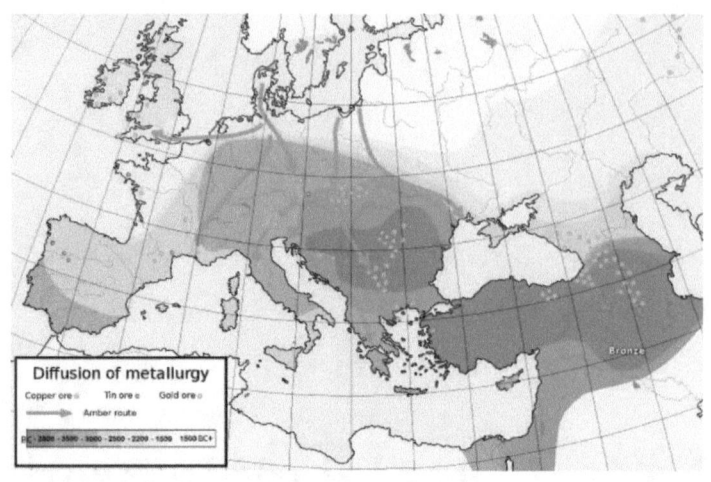

Difusión de la Metalurgia en Europa y el Medio Oriente

Canaán estaba en la cima de su poder y fuerza social durante la Edad de Bronce, la cual duró desde el año 3500 a. e. c. hasta aproximadamente el 1200 a. e. c. Luego de este período de tiempo, las civilizaciones gradualmente fueron evolucionando hacia la siguiente categoría: la Edad de Hierro. ¿Pero qué significó esto para Canaán? La región del Levante donde Canaán se ubicó contenía una serie de depósitos de cobre y estaño que podían ser minados. Esta posición situaba a Canaán en una ubicación conveniente para rutas comerciales, lo que lo ponía en confrontación con las civilizaciones e imperios que lo rodeaban.

La primera parte de la Edad de Bronce es naturalmente denominada la Edad de Bronce Temprana, y típicamente se extiende entre los años 3500 y 2000 a. e. c. Los primeros asentamientos que pueden considerarse proto-cananeos se desarrollaron alrededor del 2100 a. e. c. tras el colapso de partes del Imperio acadio. El Imperio acadio consistió en los primeros pueblos de habla semítica en Mesopotamia, la cual es una región histórica influyente que consiste en secciones de Asia occidental entre el sistema fluvial Tigris-Éufrates.

Mesopotamia fue una de las primeras regiones donde se desarrolló la escritura, y es considerada quizás la civilización humana más antigua en la historia. Los acadios vinieron y se asentaron en secciones de esta región y hablaban una lengua semítica, el cual es un idioma considerado afroasiático. Algunos ejemplos de idiomas semíticos actuales incluyen el árabe, el hebreo y el arameo. Los propios cananeos hablaban idiomas semíticos, y los historiadores creen que esto significa que compartieron algún ancestro común con los individuos que eventualmente crearían el Imperio acadio. Una de las características distintivas de los idiomas semíticos es cómo escriben las palabras, en un orden que se lee como verbo-sujeto-objeto. La gente del Imperio acadio y el Canaán temprano, por lo tanto, habrían hablado como "guerra rey luchó".

El colapso del Imperio acadio permitió que nuevos asentamientos emergieran de sus ruinas, pero no existe mucha evidencia que permita describir la civilización. Muy poco se sabe sobre Canaán durante este período. Los arqueólogos pueden decir que la gente pasó de las sociedades cazadoras-recolectoras de la prehistoria a asentamientos enfocados en la agricultura y la ganadería con ovejas y cabras. Los asentamientos surgieron en áreas fértiles. Los registros indican que los cananeos eran muy similares a sus vecinos en el norte, sur y el este.

Algunos de estos vecinos incluyen los asentamientos de Ebla, el Imperio acadio, Amurru (en la actual Siria), y numerosas civilizaciones en Asia Menor como los hititas y los hurritas. Canaán realizó comercio regular y estableció rutas que trajeron recursos a toda la región. Los cananeos probablemente intercambiaron bronce, cerámica, armas y productos alimenticios adicionales, además de materiales más raros como el oro. Sin embargo, hubo un cambio súbito al término de la Edad de Bronce Temprana que los historiadores no pueden explicar. Por alguna razón, la gente abandonó las ciudades y rutas comerciales en el Levante y retornó a una forma de vida más nómada. Esto eventualmente cambiará al comienzo de la Edad de Bronce Media alrededor del 2000 a. e. c.

Viviendas y Pueblos

Durante la Edad de Bronce Temprana, Canaán comenzó a asentarse en una serie de pueblos establecidos, con algunas de las primeras murallas construidas en la región. La mayoría de los lugares tenían poblaciones de 2.000 personas o menos, con un tamaño máximo de ciudad de alrededor de 5.000. La mayoría de las ciudades consistían en pequeñas casas con algunos edificios que señalaban riqueza, pero los cananeos carecían de estructuras que pudieran ser consideradas palacios o templos. Los constructores usaban materiales como piedras talladas o ladrillos de barro crudo, y las casas tendían a ser de una habitación con almacenamiento de alimentos adjunto.

Las características distintivas de las ciudades de Canaán durante la Edad de Bronce Temprana era la inclusión de robustas murallas alrededor de los asentamientos. Estas estaban hechas de piedra y ladrillos de barro, e incluían bastiones y áreas para soldados entrenados para esconderse o defender los pueblos. A medida que el tiempo pasaba, estas fortificaciones se volvieron más fuertes y más complejas. Por el año 2000 a. e. c., algunos pueblos se jactaban de tener dos o incluso tres murallas alrededor de un área diseñada para contener no más de 5000 personas. Los historiadores especulan que una de las razones para estas defensas tan fuertes eran las fuertes políticas militaristas de los monarcas de la Edad de Bronce en el Próximo y Medio Oriente.

¿Por qué los cananeos abandonaron sus ciudades?

Desafortunadamente, los estudiosos no pueden explicar por qué los cananeos y varios de sus vecinos más cercanos escogieron abandonar su estilo de vida urbano. Existen algunas teorías que plantean la idea de la lucha geopolítica. Se sabe que varias civilizaciones cercanas, como los hititas, sufrieron frecuentes luchas internas y guerras por el trono. Algunos especulan que los cananeos decidieron abandonar sus estructuras urbanas centrales para evitar ser arrastrados a la lucha, especialmente porque las rutas comerciales establecidas eran interrumpidas. Otros creen que los pueblos ya no eran viables, ya que las rutas no eran tan prósperas, por lo que fue necesario volverse nómadas nuevamente. Finalmente, algunos estudiosos creen que podría haber ocurrido algún desastre natural como una sequía que hizo imposible la agricultura, pero existe poca evidencia geográfica que respalde esta idea.

No existe suficiente evidencia para sostener cualquiera de estas posibilidades. A pesar de abandonar los centros urbanos, los cananeos continuaron con oficios especializados como la elaboración de armas de bronce, cerámica y creación de estatuas. La gente también desarrolló comunidades agrícolas rurales, lo que significa que cualquier sequía o hambruna no podría haber sido tan restrictiva como para hacer necesario un retorno total a un modo de supervivencia de cazadores-recolectores.

Capítulo 2 – Edad de Bronce Media 2000-1550 a. e. c.

Tras un siglo, la Edad de Bronce comenzó aproximadamente en el año 2000 a. e. c., y Canaán lentamente se transformó y regreso a una sociedad urbana. Este cambio hacia el urbanismo resultó en el surgimiento de varias poderosas ciudades-estado. La primera en ganar prominencia fue Hazor, también llamada Tel-Hazor. Los artefactos encontrados también apuntan a la idea de que los cananeos gradualmente adoptaron muchos de los aspectos de la cultura mesopotámica en este punto. Algunos de estos incluían roles de género más restrictivos, menos derechos para las mujeres en comparación con los hombres, y la adoración de deidades similares como el poderoso patriarca El. La adoración de múltiples deidades también se volvió más centralizada, y los cananeos construyeron templos y palacios utilizando piedra.

Alrededor del 2000 a. e. c., Canaán se vio envuelta en extensas redes comerciales en la región, y la cultura interior de la civilización comenzó a dividirse. Estas redes se extendían por todo el Levante, con muchos vecinos visitantes como los hititas, hurritas y los egipcios. A pesar de que toda la gente que vivía en la región de Canaán poseía el mismo origen étnico, ellos formaron diferentes culturas que se exacerbaron aún más por el comercio, ya que los grupos recibían contacto de diferentes civilizaciones vecinas. Entre estos pueblos cercanos se encontraban los fenicios, israelitas, amonitas y moabitas.

Al igual que en la Edad de Bronce Temprana, los estudiosos tienen dificultades revisando los documentos de otras civilizaciones, como los egipcios, a fin de encontrar información confiable acerca de los cananeos. En cambio, mucho más se conoce sobre sus vecinos más poderosos. Por ejemplo, Amurru y sus dinastías amoritas comenzaron a dominar alrededor del siglo 19 a. e. c., hasta el punto en que la palabra "Amurru" puede hacer referencia ya sea a una civilización diferente, o a la región interior del sur de Canaán. La palabra Amurru refiriéndose a Canaán es especialmente prominente en documentos egipcios, ya que los dos pueblos vivían alrededor de la misma área, y finalmente se volverían estados vasallos de los poderosos faraones.

Lo que los eruditos sí saben es que Canaán se desarrolló enormemente a partir de sus rutas comerciales con otras regiones, y se vio envuelto en una disputa de poder entre dos facciones en algún momento a fines del siglo 19 o comienzos del siglo 18 a. e. c. Una de ellas se encontraba en el extremo sur de Canaán, centrada en la ciudad de Megido en el valle de Jezreel en el sur del Israel contemporáneo. La otra facción se ubicaba en el norte, y habría estado situada alrededor de la ciudad de Kadesh en el río Orontes. El río fluye a través de la Siria y Turquía contemporánea. Nadie está seguro cómo terminó este conflicto, o si hubo un importante derramamiento de sangre, aunque la mayoría de la gente cree que la facción de Megido triunfó, ya que aquella ciudad se volvería una de las más poderosas en Canaán.

La Expansión de los Hicsos

Alrededor del 1850 a. e. c., un grupo de cananeos conocidos como los hicsos invadieron secciones del territorio del norte de Egipto. Ellos fueron precedidos por grupos de inmigrantes de Canaán que deseaban establecerse en esta región más rica en recursos controlada por la dinastía XII de Egipto. Ellos establecieron un reino independiente alrededor del este del delta del Nilo. Ellos eventualmente crearon la dinastía XIV de Egipto, la cual ejerció control sobre la región durante un período de tiempo entre los años 1805 y 1650 a. e. c.

Como con casi todo relacionado con los cananeos, es poco lo que se sabe sobre la dinastía XIV, y los estudiosos tienen una discrepancia de 80 años al intentar determinar cuánto tiempo duró. Los llamados faraones de la dinastía XIV no controlaron Egipto, y en realidad, parecían ser los vasallos de los faraones más poderosos en Egipto. Algunos profesionales creen que esta dinastía logró ver la coronación de al menos 76 reyes, mientras que otros sugieren que fueron menos, aproximadamente 56. Los gobernantes no parecían durar un largo tiempo, y muchos no fueron particularmente importantes. De los potenciales reyes de este período, el orden de los primeros cinco es el menos disputado, aunque algunos creen que en realidad podrían haber sido vasallos de la dinastía XV de Egipto, la cual ha sido extraviada por las arenas del tiempo. Estos serían:

- Yakbim Sekhaenre 1805-1750 a. e. c.

- Ya'ammu Nubwoserre 1780-1770 a. e. c.

- Qareh Khawoserre 1770-1760 a. e. c.

- 'Ammu Ahotepre 1760-1745 a. e. c.

- Sheshi Maaibre 1745-1705 a. e. c.

Si estos faraones hicieron algo notable, esto no es bien conocido. La mayoría de ellos pueden ser identificados porque dejaron sellos o cartelas que llevan sus nombres específicos. Los faraones producirían estos sellos para decretos, y a menudo llevaban el nombre del faraón gobernante.

Qareh Khawoserre

Ammu Ahotepre

Sheshi Maaibre

Finalmente, la XIV dinastía se extinguió, probablemente por una plaga o hambruna. Canaán existió en un área con muchos problemas naturales, y, por lo tanto, su gente a menudo tuvo problemas para desarrollar suficientes cultivos o desastres naturales.

Alrededor del 1650 a. e. c., los cananeos conocidos como los hicsos reclamaron el territorio de la fallida dinastía XIV, y partes de la tierra controlada por su robusto vecino hacia el sur, la XIII dinastía egipcia. Esto condujo a la creación de la XV dinastía. Estos hicsos lograron aprovechar un momento débil en la historia egipcia, y conquistaron tan hacia el sur como el río Tebas sin someterse a la voluntad de faraones más fuertes como lo hicieron sus predecesores.

Los hicsos pueden decir a los historiadores mucho acerca de los cananeos que de otra forma no se sabría. Los egipcios mantenían cuidadosos registros sobre sus aflicciones contra los hicsos. Entre algunas de las informaciones conocidas se encuentra que los hicsos en realidad introdujeron nueva tecnología militar a la región, como el arco compuesto, y los carros tirados por caballos. El arco compuesto era más liviano y más poderoso que los tradicionales modelos de manera, ya que combinaba madera, cuerno, y tendones, y se mantenía unido por un fuerte pegamento. Se convirtió en un arma popular preferida por los aurigas porque era liviana y fácil de usar mientras se estaba en movimiento. Una de las mejores imágenes de un arco compuesto es egipcia y muestra al faraón Ramsés II utilizando uno, en un carro, mientras lucha en la batalla de Kadesh contra los hititas.

El faraón Ramsés II luchando en la batalla de Kadesh contra los hititas

Los carros tirados por caballos son exactamente eso. Antes que los hicsos introdujeran esta tecnología, los egipcios no tenían carros ni caballos. Este desarrollo llevaría a algunos de los elementos básicos de la futura guerra egipcia, que dependía en gran medida en tener carros estables y rápidos para llevar la batalla a los enemigos de la civilización. Sería irónico cuando los egipcios posteriormente usaron esta misma tecnología para dominar a los cananeos.

Los pueblos egipcios gobernados por los hicsos parecían aceptar su reino, pero continuaban viendo a los hicsos como invasores a los que no pertenecían. Una vez que la dinastía XV comenzó a desmoronarse, los egipcios del norte destruyeron muchos de los registros de los gobernantes hicsos, y escogieron reagruparse con Egipto.

Egipto durante la era de los Hicsos

La dinastía XIII comenzó con la muerte del faraón Neferusobek, quien fue reemplazado en rápida sucesión por dos hijos de su predecesor. El primer gobernante de la dinastía XIII se hacía llamar Sebekhotep, y enfrentó dificultades dejadas por los faraones anteriores, ya que los poderes cananeos extranjeros de la dinastía XIV ya estaban construyendo una poderosa base alrededor del norte del delta del Nilo. Neferusobek se había visto obligado a cancelar varias de las expediciones que frecuentemente irían al norte hacia el Sinaí, porque las fuerzas debían atravesar el delta del Nilo, lo que se había vuelto difícil.

Sello Real de Sebekhotep

Los sucesores de Neferusobek enfrentaron problemas similares y solo gobernaron sobre el valle del Nilo, el cual abarcaba desde Menfis a Elefantina. Las interacciones con los hicsos eran principalmente militaristas por naturaleza, lo que fue atestiguado por arqueólogos por el estilo de los entierros en ambas dinastías durante este período de tiempo. Después de algunas hostilidades iniciales, parecía que las casas reales lograron un breve acuerdo y abrieron el comercio entre ellas, permitiendo la libre circulación de comerciantes en beneficio de ambas partes.

Los faraones de la dinastía XIII de Egipto se siguieron uno a otro en sucesión cada vez más rápida, insinuando un período de inestabilidad política y económica. Ellos abandonaron su capital original de Itijawy y se trasladaron a Tebas, pero continuaron enfrentando problemas causados por la falta de suministros estables de alimentos. Los reyes de la dinastía XIV del norte no tuvieron mejor suerte, y los problemas en el valle y el delta del río Nilo solo empeoraron cuando comenzó la hambruna. Traídos por desastres naturales como sequías, ambas dinastías se vieron muy debilitadas y prácticamente indefensas contra un nuevo invasor cananeo: los hicsos.

Hazor

La prosperidad de la Edad de Bronce Media para Canaán parecía estar centrada en la poderosa ciudad-estado de Hazor, también llamada Tel-Hazor en tiempos modernos. Desde los siglos 18-13 a. e. c., Canaán parecía ser un estado vasallo egipcio, en parte por la dinastía hicsa y su eventual colapso. Durante este período de tiempo, los reyes de Hazor juraron lealtad a los faraones de Egipto, pero muchos académicos sospechan que este era un gesto simbólico para evitar ir a la guerra con Egipto.

Hazor alcanzó prominencia en la Edad de Bronce Media en parte porque se fortificó a sí misma y pudo resistir la presión de caudillos internos y externos. La evidencia arqueológica muestra que Hazor tenía una ciudad baja fortificada que medía aproximadamente 70 hectáreas con murallas de 3 kilómetros. Aunque nadie está seguro sobre cómo la ciudad se volvió tan poderosa, fue destruida posteriormente durante la Edad de Bronce Tardía, probablemente a manos de los israelitas.

Una Fotografía Aérea de un Fragmento Sobreviviente de Hazor

La mayoría de los asentamientos exitosos durante la Edad de Bronce Media siguieron el modelo establecido por Hazor. Los cananeos continuaron enfrentando la presión de sus vecinos y de Egipto, incluso cuando algunas secciones se desplazaron hacia el delta del Nilo. Muchas de estas ciudades contenían los restos de masivos cementerios, los que entregaban una gran cantidad de conocimiento acerca de los tipos de entierros cananeos.

Entierros y Prácticas Funerarias

Canaán compartía muchas de las características relacionadas con los entierros de otras civilizaciones durante la Edad de Bronce Media. Cuevas, cuando podían encontrarse, eran usadas para enterrar múltiples generaciones de la misma familia, y eran frecuentemente selladas con rocas para evitar el hedor de la descomposición y disuadir a los saqueadores de tumbas. Los cananeos habitualmente enterraban a sus muertos con una variedad de posesiones, incluyendo cerámica, joyería, armas, ropa elegante, contenedores de manera, y herramientas relacionadas a su oficio, como azadas en el caso de los granjeros, o yunques para los herreros.

Los soldados frecuentemente recibían entierros de guerreros. Esto incluía ropa especial como un cinturón de cuero, armamento como un hacha o una espada, y el sacrificio ritual de un animal como una cabra, oveja, o burro. Las mujeres no podían recibir este tipo de entierro, pero muchas mujeres de la élite eran vestidas con ropa elegante y especial, que demostraba su estatus. Ya que la mayoría de los hombres eran luchadores, un funeral de élite era también el entierro de un guerrero.

Finalmente, estaba el método especial de entierro utilizado para bebés y niños. Algunos que eran lo suficientemente pequeños eran colocados dentro de jarros de cerámica, y enterrados debajo del suelo de los hogares. Estos jarros incluían pequeños regalos como botellas de perfume, aceites, jarras con ungüentos, y pequeñas piezas de joyería. Si bien algunas fuentes indican que los cuerpos de los niños provenían de sacrificios rituales de sangre, la mayoría de los historiadores piensa que la gran cantidad de jarros encontrados indican altas tasas de mortalidad infantil.

Gobierno y Estructura Social

El gobierno de Canaán también se solidificó durante la Edad de Bronce Media. Los palacios descubiertos por arqueólogos indican que los edificios eran extremadamente escasos y desprovistos de cualquier forma de escritura. Pareciera que el gobierno cananeo fue establecido de manera similar a otros de este período de tiempo. Importantes asentamientos tenían príncipes o alcaldes que controlaban la región, y habitualmente respondían a un rey central.

Originalmente, el rey era escogido por sus proezas militares; esto continuó a lo largo de la Edad de Bronce Media. Otras élites que tenían dinero o poder podían luchar por la posición, y algunos historiadores creen que los cananeos se dividieron en dos poderosas facciones: la norte y la sur. Eventualmente, se desarrolló una línea de sucesión hereditaria, pero no parecía haber ningún rey supremo. En lugar de aquello, Canaán pareció permanecer dividida en poderosas ciudades-estado que tenían sus propios príncipes, ejércitos y rutas comerciales.

Si bien había administradores, pareciera que no hubo escribas. Los cananeos, a diferencia de muchos de sus vecinos, no parecían tener un estándar de escritura o alfabetización como los egipcios, babilonios, asirios, y otros. En cambio, pareciera que el rey pasaba órdenes a los administradores y soldados, quienes las ejecutaban. Potencialmente había mensajeros entre las ciudades-estado, pero esto es incierto. No había un ejército central, y los reyes y príncipes individuales dependían del proto-feudalismo.

Bajo el feudalismo, una clase específica de élites guerreras recibiría tierras con las que podían hacer dinero. Mucho de este dinero se usaba para pagarle al rey o para comprar armas. Ya que las élites administraban las tierras, trabajadas por campesinos, estas tenían tiempo para desarrollar su proeza militar. Estas élites juraban lealtad a quien les haya entregado la realidad, generalmente el rey o el príncipe de una ciudad-estado cercana. La mayoría de las personas en este sistema habrían sido agricultores pobres, aunque algunas personas en las ciudades habrían sido artesanos, herreros, mercantes o comerciantes.

Capítulo 3 – Edad de Bronce Tardía 1550-1200 a. e. c.

Canaán continuó enfrentando problemas por las políticas militaristas y expansionistas de sus vecinos cercanos en el Levante. Los cananeos lograron formar importantes confederaciones centradas en Megido y Kadesh, pero finalmente cayeron bajo el control de los egipcios y los hititas. Es en este período, que comenzó alrededor del siglo 16 a. e. c., que Canaán se volvió más envuelto en los asuntos de sus vecinos, y podría ser considerado un jugador en la política internacional.

La civilización de Canaán no perdió su distintiva cultura, pero logró interactuar más con sus conquistadores y formar fuertes relaciones comerciales. Los alcaldes cananeos que tenían control sobre regiones específicas del Levante juraban lealtad a quien fuera el faraón actual, y lograron comenzar a comerciar por mar con poderes significativos como Chipre, Grecia micénica y Creta minoica. El comercio con estas regiones fue ayudado por el hecho que los faraones egipcios carecían del suficiente personal para dominar totalmente Canaán, y frecuentemente estallaban rebeliones y revueltas, manteniendo a raya una conquista egipcia completa. Sin embargo, esto cambió rápidamente a medida que los faraones egipcios se concentraron totalmente en consolidar su poder en la región.

"Canaán" Escrito en Jeroglíficos Egipcios

La Primera Campaña de Tutmosis III

Tutmosis III fue el sexto faraón de la XVIII dinastía de Egipto. Gobernó durante casi 54 años, aunque 22 de ellos fueron como como corregente con su tía y madrastra, la famosa Hatshepsut. Él pasó muchos años como el jefe de los ejércitos de Egipto, hasta que Hatshepsut murió y luego creó el imperio más grande que Egipto alguna vez tuvo, el cual se extendía hacia el norte, desplazando a los cananeos de gran parte del territorio que reclamaron en siglos anteriores.

Estatua de Tutmosis III

Inmediatamente tras la muerte de Hatshepsut, el faraón Tutmosis III reunió a sus ejércitos a la temprana edad de 22 años y marchó hacia el norte. Los registros indican que pasó la fortaleza fronteriza de Tjaru, y se dirigió a la llanura costera de Jamnia antes de marchar hacia el interior a la ciudad de Canaán y sede del poder, Megido. Lo que siguió fue conocido como la batalla de Megido en el siglo 15 a. e. c., librada entre las fuerzas de Tutmosis III y varios estados vasallos cananeos rebeldes, quienes ya no querían permanecer bajo la autoridad y gobierno egipcio.

Los historiadores modernos pueden reconstruir una relativamente precisa imagen de la batalla de Megido, ya que Tutmosis III ordenó a su escriba personal, Tjaneni, mantener un diario de lo que ocurría. Muchos años después, el faraón solicitó que sus hazañas militares fueran talladas en piedra, describiéndolas en lujo de detalle en las paredes del templo de Amón-Re, en el vasto complejo conocido como Karnak.

Las Ruinas de Karnak

La batalla de Megido tuvo implicaciones duraderas para Canaán, porque marcó el regreso de Egipto al poder. Tutmosis III continuaría teniendo victorias militares durante las dos décadas siguientes, quitando gran parte del Levante a Canaán, y dejándolo en un estado debilitado acentuado por los problemas internos de la propia civilización. Como antes, Canaán continuó enfrentando presión desde adentro porque su gobierno no estaba consolidado y consistía principalmente de señores feudales, y pequeñas, pero bien defendidas ciudades-estado, con pequeños asentamientos repartidos en el campo.

Mientras se dirigía a Megido, el faraón Tutmosis III se detuvo en la leal ciudad de Gaza, descansó, y luego marchó hacia Yemen. Caminó con una fuerza de carruajes e infantería que contabilizaba entre 10.000 y 20.000 soldados, una gigantesca fuerza para la Edad de Bronce Tardía. Tutmosis III envió exploradores mientras se encontraba en Yemen para determinar el mejor plan de acción para tomar Megido, la cual estaba bien fortificado y en ese momento albergaba las fuerzas independientes de tres ciudades-estado rebeldes en territorio cananeo ocupado. Los exploradores entregaron tres diferentes rutas, y Tutmosis III eligió la opción más difícil pero también más directa.

La elección de Tutmosis III significó que las fuerzas egipcias debían marchar por un angosto barranco, lo que requería que los soldados caminaran en una fila única. Esto los dejaba expuestos a potenciales ataques e hizo difícil establecer una defensa adecuada. Los generales del faraón le rogaron que reconsiderara, pero Tutmosis III fue inflexible sobre su decisión. Él exclamó que, si sus propios generales indicaban que se tomara la ruta fácil, entonces eso era exactamente lo que los cananeos esperarían, y quería el elemento sorpresa.

El riesgo valió la pena. El rey de Kadesh, uno de los gobernantes de canaán que fue parte de la rebelión, había enviado a la mayoría de sus exploradores e infantería a proteger los dos caminos más fáciles hacia Megido. En cambio, el faraón Tutmosis III fue capaz de liderar a sus fuerzas a través del relativamente desprotegido barranco, eliminando a cualquier explorador con sus rápidos carruajes. El hecho que los egipcios hubieran sido capaces de lograr esos grandes progresos, en parte gracias a la proeza de sus carruajes, es toda una ironía, ya que fueron los cananeos quienes introdujeron la tecnología militar de caballos y carros a la civilización egipcia en primer lugar. El ejército egipcio logró llegar a Megido casi sin oposición, con masivas secciones del ejército cananeo dejadas en el norte y el sur, e inútiles para los cananeos restantes encerrados en la ciudad.

Ilustración de un Carruaje de Guerra Egipcio

Tutmosis III golpeó rápidamente. Instaló un campamento para descansar, pero luego pasó la noche organizando a sus fuerzas para que flanquearan a los soldados del rey de Kadesh. A pesar de que los cananeos tenían una posición superior en un terreno elevado bien fortificado, los egipcios se desplegaron en una formación cóncava, la que flanqueó a cada una de las porciones del ejército del rey de Kadesh. De acuerdo a los registros, ambos bandos tenían al menos 1.000 carros y 10.000 soldados, lo que podría haber resultado en un enfrentamiento parejo, pero que no fue así. Los egipcios tenían una maniobrabilidad superior, e hicieron que la línea cananea colapsara casi inmediatamente. Los cananeos escaparon y se atrincheraron en Megido.

Mientras los soldados egipcios saqueaban el abandonado campamento cananeo, las fuerzas de los reyes de Kadesh y Megido lograron reagruparse dentro de la ciudad, y bajaron manojos unidos de ropa para traer a soldados y carros varados de regreso a la ciudad. Tutmosis III asedió a Megido y pasó siete meses desgastando a las fuerzas en el interior. El rey de Kadesh escapó, y Tutmosis III construyó un foso y una empalizada para que fuera aún más difícil para Megido recibir suministros. Finalmente, los cananeos admitieron su derrota. El ejército egipcio incapacitó a la rebelde Canaán por el momento, y se llevaron a casa un tesoro de botín, incluyendo 340 prisioneros, más de 2.000 caballos, 900 carros, 22.500 ovejas, y casi 2.000 vacas.

La victoria del faraón Tutmosis III cambió drásticamente la distribución de poder del Levante. El Imperio egipcio ahora controlaba la totalidad del norte de Canaán, y exigía tributo de los príncipes que vivían en ese lugar. Debido a que tenía una posición muy ventajosa, Egipto también recibía regalos de muchos de los vecinos como Babilonia, Asiria y los hititas.

De la Segunda a la Cuarta Campaña de Tutmosis III y la Conquista de Siria

Tras expandir su imperio, Tutmosis III pasó muchos años viajando por la región capturada de Canaán, exigiendo tributo y sofocando revueltas y rebeliones menores. Él también tomó botines extra del Imperio asirio, el cual no era rival para la civilización egipcia durante su dinastía XVIII. Por alguna razón, el faraón no encontró que fuera importante registrar los detalles o resultados de su segunda, tercera, y cuarta campaña en Karnak. Sin embargo, sí hizo un estudio de todos los tipos de plantas y animales que encontró en la Canaán ocupada y lo incluyó en Karnak, dejando una impresionante cantidad de información respecto a los tipos de alimento y vegetación que los cananeos comían, por ejemplo, las delicias de higos y olivos.

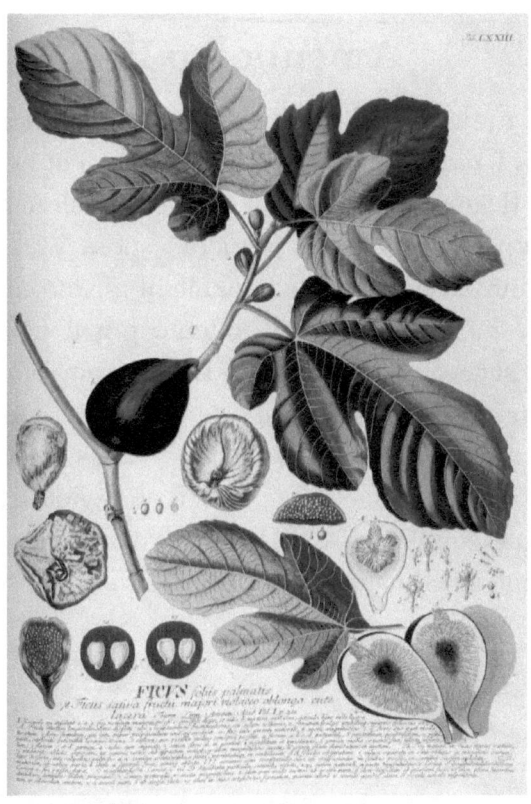

El Higo Común

La quinta, sexta y séptima campaña de Tutmosis III fueron en contra de los fenicios en Siria, un vecino de los cananeos. Para alcanzar este territorio, el faraón debía marchar a través de Canaán, exigiendo tributo en el camino. Algunos estudiosos plantean que los egipcios de hecho no atravesaron Canaán, y que en lugar navegaron por mar alrededor de su territorio, llegando al norte. Nadie está seguro si este es el caso. Egipto tomó Siria fácilmente, y dejó muchas de sus ciudades económicamente devastadas, e incapaces de liderar futuras rebeliones. Tutmosis III luego dirigió su atención a los hurritas, y continuó ejerciendo control sobre Canaán si sus civilizaciones fronterizas hasta el final de su reinado en el año 1425 a. e. c.

Amenhotep II

Amenhotep II fue uno de los hijos del faraón Tutmosis III, pero no el primogénito. Una de las esposas menores de Tutmosis III dio a luz a Amenhotep II, una mujer que no era de la realeza conocida como Meritra-Hatshepsut. Cuando la primera esposa y el hijo mayor de Tutmosis III murieron aproximadamente al mismo tiempo, el faraón decidió casarse nuevamente en un intento por tener más hijos para que fueran sus sucesores. Amenhotep II fue criado al norte de Tebas, fuera de la capital, y supervisó importantes entregas de madera para ganar experiencia como administrador antes de eventualmente convertirse en el sumo sacerdote del Bajo Egipto. Se desempeñó como corregente con Tutmosis III por aproximadamente dos años y cuatro meses antes de finalmente reemplazar a su padre tras la muerte de este último.

Cartela Dañada de Amenhotep II

La actitud despectiva de Amenhotep II hacia los no egipcios como los cananeos es bien conocida. Él recordó a algunos de sus aliados acerca de las hazañas juntos, pero también de su disgusto hacia la manera en la que a veces los oficiales ascendían a no egipcios a posiciones prominentes. Uno de los aliados a los que él envió uno de estos mensajes grabó en una estela de piedra el siguiente mensaje de Amenhotep II:

> *Copia de la orden que Su Majestad escribió él mismo, con su propia mano, al virrey Usersatet. Su Majestad estaba en la residencia [real]... él pasó unas vacaciones sentado y bebiendo. Mira, esta orden del rey es traída a ti... que estás en la lejana Nubia, un héroe que trajo botín de todos los países extranjeros, un auriga... tú (eres) el maestro de una mujer de Babilonia y una sirvienta de Biblos, una joven de Alalakh y una anciana de Arapkha. Ahora, estas personas de Tekshi (Siria) no valen nada, ¿para qué sirven? Otro mensaje para el virrey: no confíes en los nubios, pero ten cuidado de su gente y su brujería. Toma a este sirviente de un plebeyo, por ejemplo, al cual hiciste un oficial a pesar de que él no es un oficial que debieras haber sugerido a Su Majestad; ¿O quisiste aludir al proverbio: 'si careces de un hacha de batalla de oro con incrustaciones de bronce, un palo pesado de madera de acacia servirá'? Así que, ¡no escuches a sus palabras y no hagas caso a sus mensajes!*

Al faraón Amenhotep II también le disgustaban las mujeres en el poder y nunca registró los nombres de sus reinas. También desfiguró y destruyó muchos de los monumentos y documentos que describían

---

[2] Erik Hornung, 'The Pharaoh,' en Sergio Donadoni, *The Egyptians* (The University of Chicago Press, 1997), .291.

las obras de la faraona Hatshepsut, una mujer gobernante que fue corregente del padre de Amenhotep II.

Amenhotep II comenzó campañas en el extranjero en el tercer año de su reinado, cuando tenía 21 años. Mientras sofocaba una rebelión, algunas fuentes indican que él mismo asesinó a siete príncipes cananeos en Kadesh, y que luego colgó sus cuerpos boca abajo de la proa de su barco. En Tebas, seis de los cuerpos fueron colgados de las murallas mientras uno era llevado a una ciudad nubia para desalentar cualquier otro levantamiento. Alrededor de su séptimo año en el poder, hubo un gran levantamiento en toda la región de la Siria Moderna, la que sofocó con cierta dificultad. Parecía reacio a mantener registros de las batallas en Karnak, lo que podía indicar una o dos cosas. O bien sus viajes por Canaán eran más bien visitas para recaudar tributos y recibir juramentos de lealtad, o Amenhotep II perdió más batallas de las que estaba dispuesto a admitir. De cualquier manera, su fuerte presencia en Canaán mantuvo a los cananeos bajo control egipcio.

Los Habiru

Durante la Edad de Bronce Tardía, los registros egipcios de los cananeos señalan que Canaán comenzó a llenar grupos de gente llamados los Habiru. Ellos no eran inmigrantes o una etnia nueva, en realidad parecían ser una clase social desplazada, cuyos individuos se volvieron forajidos, mercenarios y bandidos. Los historiadores sospechan que ellos solían ser parte de la sociedad, pero sufrieron bajo el gobierno egipcio y desastres ambientales como la sequía, por lo que recurrieron a otros medios de supervivencia.

Los Habiru avivaban rebeliones y asistieron a muchos de los príncipes y reyes cananeos en rebelarse contra el Imperio egipcio. A medida que el tiempo progresaba, también comenzaron a tomar ciudades para sí mismo, tanto así que algunos de los príncipes que eran leales al faraón egipcio comenzaron a rogar por asistencia. Por ejemplo, Zimrida, el rey de Sidón, escribió lo siguiente tal como fue traducido desde las cartas de Amarna: "Todas mis ciudades que el rey ha entregado en mi mano, han llegado a manos de los Habiri".

El Imperio Asirio Medio

Alrededor de mediados del siglo 14 a. e. c., y hasta el siglo 11 a. e. c., gran parte de Canaán cayó al Imperio asirio medio. La capital de este imperio era Assur, y la gente hablaba acadio. Era una poderosa monarquía que contó con varios efectivos reyes guerreros en sucesión, incluyendo el gran Shalmaneser I. La influencia de los anteriores señores cananeos de Egipto y de los hititas se desvaneció, y el Imperio egipcio casi colapsó bajo la presión de los asirios. Los cananeos permanecerían bajo el poder del Imperio asirio medio hasta el Colapso de la Edad de Bronce.

Capítulo 4 – El Colapso de la Edad de Bronce y la Edad de Hierro

El Colapso de la Edad de Bronce

Las personas familiarizadas con la historia antigua sin duda han oído hablar del Colapso de la Edad de Bronce, un fenómeno que debilitó e incluso destruyó muchas de las grandes civilizaciones del Levante, Asia Menor, norte de África, y partes de Europa. Fue un periodo de transición de la Edad Oscura provocado por una variedad de factores, incluyendo la invasión de un grupo conocido como los Pueblos del Mar, desastres naturales, y deterioro gubernamental. Muchos historiadores ven este periodo como culturalmente disruptivo y extremadamente violento, con poca o ninguna advertencia para pueblos como los cananeos.

Entonces, ¿qué pasó realmente?

Hay numerosas teorías que se basan en el clima o el desarrollo tecnológico, muchas de ellas son compatibles entre sí. Algunas de las más populares incluyen diferentes combinaciones de sequías severas, actividad volcánica, el auge de la herrería, cambios en el estilo de guerra, algo llamado colapso general de sistemas, y la invasión de los Pueblos del Mar. Cada uno de ellos es explicado en detalle en la próxima sección, y luego, se analiza en profundidad el colapso de Canaán en sus regiones sirias y el área alrededor del sur del Levante.

Catástrofes Climáticas

La primera teoría se refiere a la idea de que hubo un importante periodo de cambio climático entre los años 1000 y 800 a. e. c. La temperatura disminuyó significativamente, de manera similar a como ocurrió en la Pequeña Edad de Hielo. Esto gatilló importantes desastres como sequías, lo que provocó la muerte de los cultivos y hambruna durante varios años. La falta de alimento obligó a los cananeos y a otros pueblos en el Levante a ir a la guerra para encontrar sustento, resultando en el colapso de diferentes gobiernos. Existen algunas correlaciones entre sequías registradas en el Levante y el norte de África.

El Colapso de la Edad de Bronce adicionalmente coincidió con una gran erupción volcánica llamada Hekla 3. Hekla es un volcán en Islandia. La erupción arrojó una masiva cantidad de roca hacia la atmósfera, cuantificada en 7,3 kilómetros cúbicos, o aproximadamente 389 km.[3] La erupción Hekla 3 derivó en un periodo de 18 años de frías temperaturas comenzando en el 1000 a. e. c. Los científicos han encontrado una correlación entre la disminución de la temperatura y el comienzo del Colapso de la Edad de Bronce en Egipto y Canaán.

---

[3]Jón Eiríksson, et al., "Chronology of late Holocene climatic events in the northern North Atlantic based on AMSC dates and tephra markers from the volcano Hekla, Iceland.," *Journal of Quaternary Science* (2000), 15 (6): 573-80.

Imagen de Hekla en 1904

El Auge de la Herrería

El hierro es un metal más fuerte que el bronce, y puede extraerse y moldearse de manera más fácil. El hierro puro es un metal blando, pero los herreros expertos aprendieron a combinarlo con carbón para producir materiales más fuertes. De todos los implementos de hierro descubiertos alrededor de Canaán durante el Colapso de la Edad de Bronce, el 80 por ciento eran armas, mientras que solo el 20 por ciento eran herramientas, indicando que los cananeos se concentraban más en la guerra que en la agricultura. Esto se correlaciona adecuadamente con evidencia científica que demuestra que las hambrunas y la destrucción de cultivos eran comunes alrededor del 1000 a. e. c., y que muchos de los pueblos recurrieron a la guerra para encontrar alimento.

Sin embargo, muchos académicos creen que gente como los cananeos, que, si bien eran capaces de producir armas de hierro, fueron superados por los invasores Pueblos del Mar. Después de todo, Canaán acababa de descubrir la herrería, y tenía problemas para mantenerse al día con las nuevas tácticas militares que podían utilizarse teniendo armas más fuertes. Por ejemplo, era posible usar armamento de hierro para abrumar carros, los cuales aún dependían del bronce, el cual era más blando y fácil de romper.

Colapso General de Sistemas

La teoría del colapso general de sistemas está fuertemente relacionada con otros factores como el cambio climático y la herrería. Esta teoría plantea que factores como la degradación de los suelos, el crecimiento de la población, el declive del armamento de bronce, y el auge del hierro hizo que para las personas fuera fácil comprar armas en lugar de tierra cultivable, la cual se volvió escasa. Esto causó el colapso de la aristocracia guerrera tradicional. Debido a que el sistema cananeo durante la Edad de Bronce era extremadamente intrincado, una vez que una sección comenzaba a flaquear y tener problemas, otras empezaban a colapsar también, tal como una línea de dominós.

Los Pueblos del Mar

A todos estos problemas se sumó la invasión de los misteriosos Pueblos del Mar. Ellos eran miembros de una confederación marítima que atacó las civilizaciones en el este del Mediterráneo, incluyendo Canaán y todo el Levante. Sus orígenes son inciertos, pero muchos historiadores creen que los Pueblos del Mar estaban conformados por miembros de varios lugares diferentes, incluyendo Asia Menor, sur de Europa, islas en el Mediterráneo y el Egeo. Mucha de la información acerca de ellos proviene de registros creados por los escribas de Ramsés II, un faraón egipcio de la dinastía XIX que tuvo un gran éxito contra pueblos como los hititas antes del comienzo del Colapso de la Edad de Bronce. Los Pueblos del Mar capturaron y destruyeron varias ciudades cananeas influyentes, incluyendo la famosa Hazor, antes de dirigir su atención a Egipto.

Obra Egipcia de los Misteriosos Pueblos del Mar

Canaán durante el Colapso

En ese momento, el norte de Canaán permanecía bajo el control del Imperio asirio, mientras que el sur estaba en manos egipcias. El sur sufrió una nueva amenaza, esta vez de un grupo conocido como los Shasu, que correspondía al término egipcio para referirse a los vagabundos. Estas personas parecían ser ganaderos nómadas que hablaban lenguas semíticas y servían a un cacique tribal. Miembros de este grupo se convirtieron en bandidos y ladrones, acechando lugares en todo el sur de Canaán.

Estos Shasu perjudicaron severamente el comercio al apuntar a rutas que pasaban por importantes ubicaciones como Galilea y Jezreel. El faraón Seti I logró conquistar a varios de los Shasu, pero luego enfrentó nuevas rebeliones de los cananeos quienes ya no querían pagar tributo al Imperio egipcio. Él logró sofocarlas fácilmente mediante números superiores y tácticas militares, pero Canaán continuó rebelándose durante el reinado de su sucesor, el famoso Ramsés II. El faraón Ramsés II pasó la mayoría de su tiempo en campañas militares, y eventualmente decidió construir una guarnición de fortaleza permanente en el área para mantener el poder. Sin embargo, esta no duró.

Ciudades poderosas como Jerusalén solían ser asentamientos grandes y fortificados capaces de albergar, temporalmente, poblaciones masivas. Pero a medida que la comida se volvía escasa y Canaán comenzó a ser blanco de invasores del mar y civilizaciones vecinas en busca de alimento, las ciudades colapsaron. Lugares como Jerusalén se volvieron pueblos pequeños carentes de fortificaciones, y los cananeos volvieron a sus raíces errantes y estacionales, donde iban a diferentes lugares durante distintas épocas del año por comida y caza. Esto los dejó en una posición privilegiada para ser dominados por nuevos grupos al comienzo de la Edad de Hierro, la que comenzó alrededor del siglo 12 a. e. c., y finalizó en diferentes momentos alrededor del mundo.

El Auge del Antiguo Israel y Judá

El declive del Canaán antiguo durante la Edad de Bronce Tardía fue gradual. Las ciudades lentamente se debilitaron y la gente comenzó a abandonarlas buscando prosperidad en otros lugares. La cultura cananea lentamente se integró a la de grupos vecinos como los filisteos, fenicios e israelitas, donde continuó sobreviviendo, pero sin prosperar. Uno de estos grupos étnicos, los israelitas, se convertiría en la potencia dominante en la región donde Canaán solía existir.

El término Israel aparece por primera vez en registro viviente en la Estela de Merenptah, que fue grabada por los sirvientes del faraón Merenptah de la dinastía egipcia XIX. Varias importantes líneas se refieren tanto a la presencia de los israelitas como al destino de los cananeos:

Los príncipes están postrados, diciendo, "¡Paz!"

Nadie levanta su cabeza entre los Nueve Arcos.

Ahora que Tehenu (Libia) se ha arruinado,

Hatti es pacificado,

Canaán ha sido saqueada en todo tipo de infortunio:

Ashkelon ha sido superada;
Gezer ha sido capturada
Yano'am se hizo inexistente.
Israel ha sido arrasada y su semilla no;
Hurru quedó viuda a causa de Egipto.[4]

Las ciudades cananeas habían casi desaparecido y los israelitas al comienzo parecían haber sido pacificados por fuerzas egipcias superiores, pero esto no duraría. Pese a no ser un estado cohesivo, los israelitas igualmente se distinguían de otros grupos al prohibir los matrimonios mixtos, enfatizando la importancia de la historia familiar y la genealogía, y manteniendo su propia religión mientras evitaban las tradiciones de otras. Todas estas prácticas eran poco habituales en el Levante, donde las religiones y linajes frecuentemente eran mezcladas, y diferentes grupos étnicos podían vivir de manera segura como una sola entidad política.

Los israelitas no tomaron Canaán por la fuerza, en cambio, parecieron integrarlos lentamente en su cultura. La evidencia arqueológica de la región parece apuntar al auge de grupos de personas que no comían cerdo, reuhían la costumbre cananea de la cerámica altamente decorada, y comenzaron la práctica de la circuncisión. Los autores Finklestein y Silberman resumieron los resultados de estudios arqueológicos en el sur del Levante:

> *Estas investigaciones revolucionaron el estudio del antiguo Israel. El descubrimiento de una densa red de aldeas en tierras altas, todas aparentemente establecidas en el lapso de unas pocas generaciones, indican que una dramática transformación social tuvo lugar en el pueblo montañoso central de Canaán alrededor del 1200 a. e. c. No había indicios de una invasión violenta o incluso de la infiltración de un*

---

[4] Kenton L. Sparks, *Ethnicity and Identity in Ancient Israel* (Eisenbrauns: 1998).

grupo étnico claramente definido. En cambio, parecía ser una revolución en el estilo de vida. En las tierras altas antes escasamente pobladas de las colinas de Judea en el sur a las colinas de Samaria en el norte, lejos de las ciudades cananeas que estaban en proceso de colapso y desintegración, alrededor de doscientas cincuenta comunidades en las cimas de las colinas surgieron repentinamente. Aquí se encontraban los primeros israelitas.[5]

Estos israelitas reclamaron la mayoría del territorio a lo largo de la costa occidental del antiguo Canaán. Los poderosos reinos de Israel y Judá mantenían territorios en la ubicación del Israel contemporáneo, teniendo como vecinos a ciudades-estado filisteas. Otros anteriores territorios cananeos fueron reclamados por los reinos de Moab, Amón, Aram-Damasco, Edom, los estados sirio-hititas, y las ciudades-estado fenicias- Miembros de los antiguos cananeos y muchos elementos de su cultura se volvieron parte de estos nuevos reinos de la Edad de Hierro, lo que significa que Canaán no murió técnicamente, en cambio, continuó existiendo en una nueva forma.

Dominio Neoasirio hasta el Fin de la Edad de Hierro

El Imperio neoasirio conquistó toda esta región durante los siglos 10 y 9 a. e. c. Este imperio se volvería el más grande que el mundo antiguo había visto hasta este momento, y se originó en el 911 a. e. c. En su máxima extensión, la civilización neoasiria abarcaba la totalidad del territorio cananeo, gran parte de Asia menor, y grandes secciones de Egipto, como puede verse en el siguiente mapa.

---

[5] Israel, Finkelstein and Neil Asher Silberstein, *The Bible Unearthed: Archaeology's New Vision of Ancient Israel and the Origin of its Sacred Texts*, Free Press: 2001.

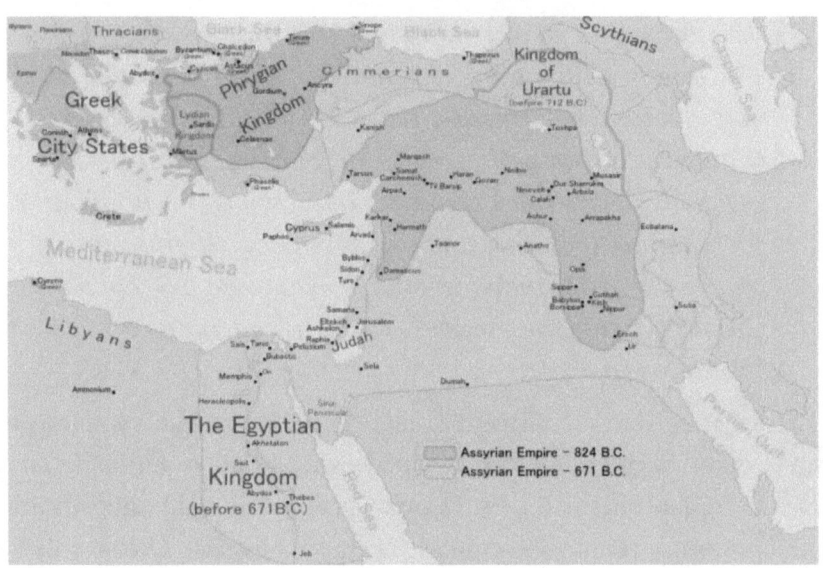

El Imperio neoasirio

Los monarcas asirios eran guerreros y servían como reyes-emperadores con control total sobre los asuntos militares y exteriores del imperio. Ellos continuaron conquistando grandes extensiones de territorio, pero en gran parte dejaron en paz a las culturas cananeas e israelitas, escogiendo en cambio separar a esos pueblos de los asirios. Algunos emperadores eran más xenófobos que otros e incluso incluyeron la deportación de cananeos de las grandes ciudades hacia los asentamientos fronterizos, que eran menos prósperos, y difíciles de vigilar.

Los egipcios, ahora bajo el poder de la dinastía nubia, intentaron recuperar posiciones en el antiguo Canaán, pero fueron repelidos de manera rápida y eficiente por los neoasirios. Los neoasirios entonces decidieron invadir Egipto y dominaron completamente grandes porciones de territorio. Posteriormente, también aplastaron al Imperio kushita, el cual era la dinastía XXV de Egipto. Durante este tiempo, los cananeos y su cultura continuaron involucrándose en los asuntos del Imperio neoasirio, pero comenzaron a menguar lentamente debido a la influencia de nuevas culturas.

El reino de Judá, que se ubicaba al sur del reino de Israel, fue obligado a pagar tributo por muchos años o enfrentar su destrucción. Finalmente, el Imperio neoasirio colapsaría alrededor de finales del siglo 5 a. e. c. La caída habría sido causada por una combinación de amargas guerras civiles internas entre diferentes facciones de nobles y los esfuerzos de una coalición compuesta por los babilonios, medos, persas y escitas. Luego los babilonios se convirtieron en la potencia dominante en el antiguo Canaán, heredando todas las tierras de Canaán, Siria, Judá, e Israel desde Asiria.

A continuación, los babilonios se desplazarían hacia el sur y conquistarían secciones de Egipto. Estos egipcios habían intentado ayudar a los asirios a evitar su destrucción, y luego intentaron tomar posiciones en el Próximo Oriente, pero obviamente no lograron tener éxito. Cuando el Imperio babilonio colapsó alrededor del 539 a. e. c., Canaán se volvería parte del subsecuente Imperio aqueménida, que era dirigido por los persas. En el 332 a. e. c., se volvió parte del Imperio griego controlado por el infame Alejandro Magno. Luego se volvió parte de Roma, Bizancio, y eventualmente cayó a los poderes musulmanes árabes que conquistaron gran parte del norte de África e incluso llegaron a España en el siglo 7 e. c.

Alrededor de este tiempo es cuando la historia de los cananeos realmente termina. Su cultura y pueblos fueron dispersados y se volvieron miembros de varios diferentes imperios durante la Edad de Hierro y en la época medieval. En el mundo contemporáneo, sus descendientes más cercanos serían los pueblos de Siria, con quienes compartían material genético, y los israelitas, que se convirtieron en poblaciones judías en gran parte de Europa antes de instalarse en diferentes partes del mundo. Los descendientes de los israelitas incluso volverían al antiguo Canaán a mediados del siglo 20 e. c., formando el nuevo país de Israel.

Nota sobre el Comercio

Tras el Colapso de la Edad de Bronce y el comienzo de la Edad de Hierro, el comercio a través de Canaán volvió a surgir y la gente se reagrupó en las principales ciudades y asentamientos con algún tipo de fortificación, incluyendo pesados muros de piedra. Particularmente, muchas nuevas rutas comerciales que evitarían los altos aranceles de los reinos costeros de Israel y Judá se desarrollaron. Estas rutas surgieron en muchas ciudades y tocaron casi todas las áreas principales del territorio cananeo, incluyendo Kadesh Barnea, a través de Hebrón, Laquis, Jerusalén, Bethel, Samaria, Siquem, Shiloh desde Galilea hasta Jezreel, Hazor y Megido.

Se desarrollaron ciudades cananeas secundarias alrededor de estas rutas comerciales, ya que conformaban una fuente estable de ingresos, alimento y trabajo. Una tercera ruta comercial surgió, la cual apuntaba a una combinación de asentamientos nuevos y antiguos. Caravanas seguirían el camino y tocarían importantes lugares como Eilat, Timna, Edom, Moab y Amón. Luego se dirigirían hacia los estados arameos y alcanzarían Damasco y Palmira.

Fue la prosperidad de estas rutas comerciales lo que atrajo hacia Canaán a vecinos extranjeros como los egipcios, babilonios y asirios. Cada grupo intentó controlar políticamente a los sucesores del Canaán antiguo, llegando usualmente con una importante fuerza militar y exigiendo tributo. Este tributo normalmente consistía en dinero y bienes obtenidos por estas bien desarrolladas rutas comerciales.

Capítulo 5 – La Cultura de los Cananeos

Canaán consistió en varias culturas individuales que coexistieron y desarrollaron una sociedad y forma de vida consistente. Entre ellas se encontraban los fenicios, israelitas, amonitas, y moabitas, como se vio en los capítulos anteriores. Si bien mantuvieron sus raíces culturales, todos ellos poseían la misma etnia por vivir en el Levante. Ellos enfrentaron una turbulenta forma de vida caracterizada por pequeños pueblos, y luego ciudades-estado moderadamente prósperas. Los cananeos frecuentemente luchaban entre sí y contra sus vecinos cercanos, incluso cuando establecieron fuertes rutas comerciales.

La cultura cananea tuvo un largo tiempo para desarrollarse y aceptó cambios rápidamente. Algunas de sus características más distintivas se mantuvieron constantes a lo largo de la Edad de Bronce y en la Edad de Hierro, incluyendo el uso de lenguas semíticas. Incluso adoraron a muchos de los mismos dioses, a pesar de que sus nombres cambiaban a lo largo del tiempo y algunos sectores de la población gradualmente decidieron pasar del politeísmo al monoteísmo. ¿Pero, cuáles eran algunos de estos elementos que definían cómo los cananeos vivían, trabajaban, o incluso disfrutaban mientras merodeaban por el Levante?

Comida

Los alimentos básicos de los cananeos eran el pan y vegetales cultivados o forrajeros. Había pocas plantas comestibles ya que el Levante tendía a ser árido y frecuentemente sufría sequías. Algunas de las comidas más populares eran frutas y verduras como higos, granadas, aceitunas, puerros, lentejas y dátiles. Algunas especias incluían el ajo, sal, miel, tomillo, menta, comino y cilantro. Estos podían ser cultivados o encontrados normalmente. Sin embargo, las especias aún eran raras, y muchas personas se acostumbraron a comer alimentos desabridos como pan sin sabor o sin endulzar para la mayoría de sus comidas. Solo las personas que podían ser consideradas nobles podían comer carne cada semana o incluso cada pocos días, ya que los animales vivos eran considerados mejores fuentes alimenticias que los animales muertos.

Ilustración de una granada

Ilustración del cilantro

Los panaderos hacían pan a partir de trigo o cebada, estos cereales o granos constituían casi el 70 por ciento de la dieta de una persona promedio, con al menos el 20 por ciento de la porción restante conformado por vegetales. No era común que los cananeos pobres comieran carne, ya que era cara y rara. Los animales domésticos eran más rentables cuando producían leche o esquilados por comida extra y materiales. La gente de Canaán normalmente poseía ovejas o cabras, ya que regularmente proveían material para el vestuario y leche. Matar a una significaba que el dueño podía tener carne y cuero, pero normalmente esto se hacía como un último recurso. Era mejor tener leche cada día que carne por algunas semanas.

La elaboración de pan era una actividad diaria en los hogares cananeos, y era generalmente hecha por mujeres. Las mujeres molían los granos utilizando un utensilio llamado molinillo. Este molinillo consistía en dos rocas, normalmente basaltos. Las personas que preparaban el grano triturarían los duros granos convirtiéndolos en harina en un proceso lento y laborioso. Una consecuencia negativa del uso del molinillo era que el basalto a menudo se rompía durante la molienda y terminaba siendo horneado dentro del pan. El basalto desgastaba los dientes de los cananeos y causaba problemas futuros como la pérdida de dientes.

Basalto Blando

La gente horneaba el pan en un objeto llamado tabún, que no debe confundirse con el gas nervioso del mismo nombre. Este era un horno cónico de arcilla que podía ser calentado desde el interior, generalmente quemando heces humanas y animales. El pan producido mediante este método era plano, ya que la masa era presionada contra las murallas del tabún. El grano sobrante podía ser remojado y convertido en papilla, mientras que otros restos eran fermentados para convertiros en cerveza bebible. El agua potable era escasa; la gente a menudo bebía alcohol diluido para evitar enfermedades.

Los cananeos vivían muy de cerca con sus animales. No era extraño tener incluso bestias domésticas como vacas o cabras vivir al interior de las casas para evitar los peligros del medio ambiente. Ya que la mayoría de los hogares consistían en una habitación única para dormir y reunirse, las personas debían descansar junto a sus animales. El almacenamiento se mantenía en un área separada, y se llenaba con lo que las familias pudieran obtener; casi uno de cada cuatro cultivos fallaba, por lo tanto, la gente necesitaba almacenar semillas y convertir sus comidas en materiales almacenables. Esto significaba usar aceite, líquidos fermentados, o contenedores sellados para después. La gente también daba comida extra a sus animales, porque se consideraba un método de almacenamiento independiente. El animal lo convertiría en energía que se sería retribuido en forma de carne o leche.

Vestuario

No es mucho lo que se sabe acerca de lo que los cananeos vestían en su vida diaria, aparte de que estaba decorado de manera elaborada sin dejar de ser simple. En las primeras etapas de la Edad de Bronce, solo miembros ricos de la sociedad como los nobles tenían joyas de oro o bronce, pero esto cambió alrededor de la Edad de Hierro. Ya que el hierro era barato y abundante, personas de todos los estratos económicos podían vestir aros, collares y pulseras hechas de hierro. Tanto los hombres como las mujeres utilizaban joyas y maquillaje, siendo el kohl el cosmético más común por sus propiedades estéticas y físicas. Las personas elaboraban kohl triturando el mineral estibina hasta convertirlo en un polvo fino y mezclándolo con un líquido espesante. Por lo general, se aplicaba alrededor de los ojos y las cejas para producir una apariencia más gruesa y llena, brindando al mismo tiempo protección contra el sol; de manera similar a las líneas de pintura que usan los jugadores en el deporte moderno del fútbol americano.

Estibina en el Museo Carnegie de Historia Natural

Los cananeos se aplicaban maquillaje usando cucharas pequeñas o palos redondeados. El kohl era mantenido en un contenedor especial para evitar derrames o perder parte de la valiosa mezcla. Tanto hombres como mujeres adicionalmente se perfumaban con aceites y perfumes, aunque este lujo estaba principalmente reservado para miembros de la nobleza y otros individuos opulentos. Los nobles cananeos adicionalmente poseían ropas y costumbres que sus contrapartes más pobres. Los hombres y mujeres también usaban un frontal, el cual era similar a un cintillo, en sus frentes como una forma adicional de protección solar y decoración.

Una Caja de Kohl del Siglo 15 a. e. c.

Actividades de Ocio

Como en la mayoría de las civilizaciones antiguas, los cananeos no tenían mucho tiempo para dedicar a actividades recreativas. La mayoría de las formas de relajación eran actividades grupales como cantar, bailar y contar historias. Algunos juegos han sido descubiertos alrededor de sitios arqueológicos, los que mayoritariamente consisten en dados y tableros con algunas piezas móviles. Un juego era similar al backgammon moderno. Las actividades populares entre miembros más ricos de la civilización incluían montar a caballo, lucha y carreras. Adicionalmente, los hombres jugaban a un juego similar al rugby, excepto que la pelota estaba hecha de madera y era más dura.

Roles de Género

De manera similar a otras civilizaciones en la región de Mesopotamia, los cananeos tenían roles de género específicos y diferentes para hombres y mujeres. Si bien originalmente vivían casi al mismo nivel, y las mujeres tenían derechos como la habilidad de poseer propiedades o divorciarse, esto gradualmente cambió durante la Edad de Bronce. Los hombres eran vistos como la unidad primaria de poder dentro de una familia, y podían controlar a sus esposas, hijos, y otras familiares mujeres. Esto significaba arreglar matrimonios, controlar las finanzas del hogar, y representar la unión familiar en una sociedad más amplia.

Los hombres aprendían un oficio o una forma de vida cuando eran niños, usualmente a la edad de once o doce años. Esta era a menudo la misma profesión de sus padres, incluyendo opciones como ser un agricultor, orfebre, ganadero, pastor, o potencialmente un escriba. Considerando el estilo semi-nómada y agrario de los cananeos, la mayoría de los hombres eran agricultores pobres con poco poder político además del control sobre sus familias. Las mujeres dominaban el hogar, aunque se mantenían subordinadas a sus maridos y familiares hombres. Las niñas se formaban con sus madres y aprendían cómo administrar un hogar, cocinar, limpiar, criar niños, y sacrificar y preparar animales. Si tenían hermanos pequeños, ellas también solían estar a cargo de ellos.

Los miembros pobres de la sociedad cananea, como los agricultores, no aprendían a leer o escribir. La única educación que recibían era de sus padres, quienes les enseñaban un oficio y a cómo vivir. Las personas más ricas que vivían en Canaán podían convertirse en escribas, mercantes, o importantes guerreros bajo uno de los caudillos que controlaba una sección de territorio cananeo.

Idiomas Cananeos

Ya que había varias culturas diferentes en Canaán y el Levante, hace sentido el hecho que no había una lengua única que se hablara en toda la región. Los estudiosos han podido revisar antiguos documentos para descubrir que había varios idiomas diferentes en Canaán, que cuentan como un subgrupo de una categoría conocida como las lenguas semíticas noroccidentales. Todos los idiomas cananeos dejaron de usarse durante el siglo 1 e. c., pero otros como el hebreo continuaron siendo escritos y utilizados por los descendientes israelitas de los cananeos, quienes formarían poblaciones judías alrededor del mundo.

Las lenguas cananeas se dividen en varias categorías. Estas incluyen los dialectos del norte de Canaán, el sur de Canaán, y un grupo conocido simplemente como Otro, ya que los académicos no están seguros si esta última era usada comúnmente. El único idioma en las agrupaciones del norte de Canaán es el fenicio, que surgió a lo largo de la costa mediterránea occidental del Levante. El fenicio era fácil de hablar y escribir, y puede ser encontrado en numerosos artefactos excavados en la región, incluyendo el sarcófago de Ahiram, el sarcófago de Tabnit, en el cipo de Melqart. Los artefactos son la mejor fuente de la lengua fenicia, ya que el clima no era adecuado para documentos escritos en papiro. Tal como lo dijo el académico Edward Lipiński,

> *La escritura alfabética fenicia era fácil de escribir en papiro o en hojas de pergamino, y el uso de estos materiales explica por qué prácticamente no hemos encontrado escritos fenicios (ni historia, ni registros comerciales). En sus ciudades cercanas al mar, el aire y el suelo eran húmedos, y el papiro y el cuero se pudrieron. De este modo desapareció la literatura de la gente que le enseñó a gran parte de la población mundial a escribir. Los únicos documentos escritos de los fenicios y los cartagineses son inscripciones monumentales en piedra, algunas cartas efímeras o notas en restos de cerámica rota, y tres papiros fragmentarios. Por lo tanto, no se dispone de fuentes primarias tiras que daten de la épica de Hiram I.*[6]

El idioma fenicio de hecho fue uno de los primeros en expandirse por el Mediterráneo y formaría la base de muchos otros dialectos y

---

[6] Edward Lipiński, *Itineraria Phoenicia*, (Peeters Publishers & Department of Oriental Studies: 2004).

escrituras, creando una gran contribución a la cultura mundial desde la humilde Canaán.

La lengua dominante de la categoría del sur de Canaán es el hebreo, que dejó de ser un idioma hablado alrededor de 200 al 400 a. e. c., sin conocer la fecha exacta. Continúa sobreviviendo a los tiempos modernos y posee diversas variaciones conocidas principalmente por referencias en artefactos y documentos escritos por otras civilizaciones. Estas versiones incluyen el amonita, moabita y edomita. Otras potenciales lenguas cananeas, dudosamente clasificadas como otras, son la ugarítica, el arameo combinado con las características de los idiomas del sur de Canaán, y la ecronita o semítica filistea.

Arqueólogos franceses descubrieron el ugarítico en 1929 cuando excavaron las antiguas ruinas de Ugarit, y encontraron escritos que no coincidían con ninguna lengua o dialecto conocido. Estudiosos hebreos han podido usar esta fuente para llenar vacíos o áreas grises de antiguos documentos y textos religiosos, y este descubrimiento ha sido considerado uno de los más importantes descubrimientos literarios desde que los eruditos lograron descubrir cómo descifrar jeroglíficos y pictogramas.

Una Losa de Arcilla con el Alfabeto Ugarítico

Capítulo 6 – Canaán en las Escrituras Judías y Cristianas

No es de sorprenderse que gran parte del legado de Canaán esté relacionado con su presencia en las escrituras judías y cristianas. Gran parte del Antiguo Testamento fue escrito mientras la civilización cananea se encontraba viva y activa. La mayoría de las referencias a Canaán aparecen en el Pentateuco y en los libros de Jueces y Josué. De hecho, Canaán es mencionada la enorme cantidad de 160 veces a lo largo del Nuevo y Antiguo Testamento, y juegan el papel crucial como los enemigos y obstáculos de los israelitas en alcanzar su Tierra Prometida: la propia Canaán.

Resumen del Antiguo Testamento

Canaán ocupa un lugar destacado en el Antiguo Testamento, lo que hace sentido ya que la civilización aún existía en el tiempo que las escrituras eran escritas. Estos pasajes comienzan con la creación del universo por Dios, mencionado como Yahvé en ediciones antiguas. Describe un grupo de personas quienes eran los descendientes de Abraham. Dios le prometió a Abraham que él y sus descendientes vivirían en la Tierra Prometida. Tras varias generaciones, fueron esclavizados en Egipto y no podían llegar a Canaán. Dios escogió a

Moisés para liberarlos de su esclavitud, y luego le entregó los Diez Mandamientos, además de varias otras reglas con las que las personas deben vivir. Según el Antiguo Testamento, estas personas eran los israelitas.

Cuando los israelitas no obedecieron las leyes de Dios, fueron condenados a vagar por el desierto por 40 años. Alrededor del 587 a. e. c., el Antiguo Testamento dice que los israelitas lograron conquistar a los cananeos, pero enojaron a Dios por adorar las deidades cananeas en lugar de solo a Él. Los pueblos vecinos invaden y Dios decide ayudar a los israelitas al designar a líderes específicos, incluyendo a Saúl y David. El hijo de David, Salomón, logró expandir al nuevo Israel en un masivo imperio, pero adora a los antiguos dioses cananeos y es maldecido. Tras su muerte, Israel se divide entre los reinos de Israel y Judá.

Ahora bien, muchos de estos eventos ocurrieron aproximadamente al mismo tiempo, pero los historiadores piensan que existen explicaciones no divinas para muchos de estos eventos. De acuerdo a registros encontrados alrededor del Levante, parecía que la cultura de los israelitas comenzaba gradualmente a superar las prácticas de los otros pueblos que vivían cerca de Canaán. Estas personas lograron finalmente establecer un reino, el cual enfrentó problemas con el vecino reino de Judá hacia el sur.

La Biblia de Malmesbury

Resumen del Nuevo Testamento

Canaán no aparecen con tanta frecuencia en el Nuevo Testamento, el cual se concentra en las historias de Jesús de Nazaret. Sin embargo, a varias de las personas involucradas se las conoce como fenicios, un grupo cultural que vivía anteriormente en Canaán, y que luego se volvería parte de varios imperios diferentes, incluyendo a los babilonios y los acadios. Alrededor de la época en la que el Nuevo Testamento apareció en la historia, la región era vista frecuentemente como parte de Fenicia.

La primera sección del Nuevo Testamento discute la historia de Jesús, cómo reunió a sus discípulos, algunos de sus milagros, su muerte y resurrección. Varias de estas partes incluyen relatos de moralidad, y explicaciones de cómo los cristianos deben comportarse con ejemplos tomados de la vida de Jesús de Nazaret. Termina con la primera iglesia de Cristo siendo establecida, y cómo los discípulos debieron salir al mundo y difundir la palabra de Jesús.

Los siguientes libros son las epístolas, que son cartas entre líderes de la iglesia y ministerios o iglesias alrededor del mundo. Los historiadores creen que al menos siete de las cartas fueron escritas por el primer líder de la iglesia cristiana, Pablo. Todo el Nuevo Testamento termina con una visión apocalíptica de gente en Asia Menor viviendo bajo el opresivo Imperio romano.

¿Dónde está Canaán en la Biblia?

Uno de los principales aspectos de Canaán, de la manera en que es mostrado en las escrituras judías y cristianas (las que se entienden fácilmente divididas entre el Antiguo y Nuevo Testamento), es su tamaño. La civilización de Canaán se extendió por una gran región en el Levante, pero la Biblia solo utiliza la palabra "Canaán" para referirse a una franja de tierra cercana al mar en aproximadamente la misma ubicación que el Israel contemporáneo. El libro de Josué, en particular, indica claramente una sección de territorio mucho más pequeña que el Canaán real. Los cananeos también eran frecuentemente asociados con los fenicios, quienes visitaron la región en algún momento de la Edad de Bronce.

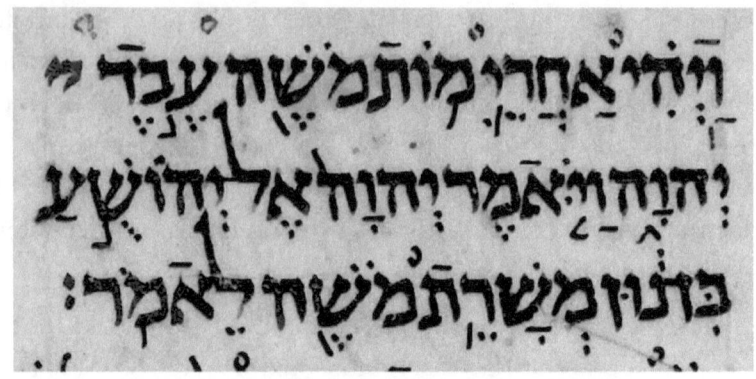

La primera Frase en el Libro de Josué

Adicionalmente, las escrituras judías y cristianas excluyeron a muchos de los grupos que conformaron Canaán. Por ejemplo, el término "Canaán" aparece y es también asociado con los hititas, quienes formaron una civilización independiente y diferente en el Levante. Sin embargo, otros grupos que podrían ser considerados cananeos por su etnia o ubicación son mencionados como pueblos separados. Entre estos se encuentran los arameos, amonitas, madianitas, moabitas y edomitas. Estos grupos, en cambio, son mostrados como descendientes de Sem o Abraham, de manera similar a los israelitas.

La Tierra Prometida

El principal conflicto con Canaán ocurre tempranamente en la Biblia. Dios promete la tierra de Canaán a Abraham y sus descendientes, quienes se supone que deben conservarla para siempre. Eventualmente, Dios entrega la Tierra Prometida a los israelitas, quienes son los descendientes directos de Abraham y su familia. Esta versión bíblica plantea un pequeño problema, ya que evidencia arqueológica descubierta en el siglo pasado parece indicar que los mismos israelitas eran en realidad cananeos que vivieron en el Levante.

> *Y el SEÑOR dijo a Abram, después que Lot fue separado de él, Alza ahora tus ojos, y mira desde el lugar donde estás, al norte, al sur, al este y al oeste. Porque toda la tierra que ves, a ti te la daré, y a tu descendencia para siempre. Y haré tu simiente como el polvo de la Tierra; de modo que, si un hombre puede contar el polvo de la Tierra, entonces tu simiente también será contada. Levántate, camina por la tierra a lo largo y al o ancho de ella; porque yo te la daré.[7]*

La Biblia hebrea contiene una sección llamada "Antiguos Profetas", que incluye partes de los libros de Josué, Jueces, Samuel y Reyes. Estos libros del Antiguo Testamento siguen a los israelitas tras la muerte de Moisés, quien los liberó de su esclavitud en Egipto. Ellos entraron a Canaán bajo un nuevo líder, Josué, y lograron reclamar el territorio bajo el nuevo nombre de Israel. Algunos documentos de esta época aún existen, cuando este reino fue supuestamente establecido en la Edad de Hierro, incluyendo la Estela de Mesa.

Sin embargo, la victoria de los israelitas no duraría, ya que la región fue atacada por el Imperio neo-babilónico. La ciudad de Jerusalén cayó después de un asedio que duró entre 18 y 30 meses. En el año 586 a. e. c., una gran porción del reino fue completamente devastada, y sufría de una economía pobre y una población cada vez más reducida. Finalmente, los israelitas perdieron el control de la Tierra Prometida.

---

[7] Deuteronomio 18:9-11.

La Estela de Mesa c. 850 a. e. c.

La reputación de Canaán

El legado de Canaán en las escrituras judías y cristianas es uno de negatividad, degradación, privación, e inmoralidad y libertinaje en general. Algunas citas bíblicas que describen a Canaán y los cananeos incluyen:

> *Y dijo: Maldito sea Canaán; Siervo de siervos será a sus hermanos. Dijo más: Bendito el SEÑOR Dios de Sem, Y sea Canaán su siervo.[8]*
>
> *Y habéis visto sus abominaciones y sus ídolos de madera y piedra, de plata y oro, que tienen consigo[9]*
>
> *Cuando entres a la tierra que el SEÑOR tu Dios te da, no aprenderás a hacer según las abominaciones de aquellas naciones. No sea hallado en ti quien haga pasar a su hijo o a su hija por el fuego, ni quien practique adivinación, ni agorero, ni sortílego, ni hechicero, ni encantador, ni adivino, ni mago, ni quien consulte a los muertos.[10]*
>
> *Porque todas estas abominaciones hicieron los hombres de aquella tierra que fueron antes de ustedes, y la tierra fue contaminada.[11]*
>
> *No pienses en tu corazón cuando el SEÑOR tu Dios los haya echado de delante de ti, diciendo: Por mi justicia me ha traído el SEÑOR a poseer esta tierra; pues por la impiedad de estas naciones Jehová las arroja de delante de ti.[12]*

Las escrituras judías y cristianas principalmente apuntaban a varios elementos clave del estilo de vida cananeo. Uno de los primeros y más importantes es el uso de ídolos para el culto religioso, al que se hace referencia como el pecado de la idolatría. En las religiones abrahámicas como el judaísmo, cristianismo, y el islam, la práctica de la idolatría ocurre cuando alguien adora a un objeto en lugar de a

---

[8] Génesis 9:25-26.
[9] Deuteronomio 29:17.
[10] Deuteronomio 18:9-11.
[11] Levítico 18:27.
[12] Deuteronomio 9:4.

Dios. La Biblia crea una conexión entre las estatuas creadas por los cananeos y esta práctica prohibida.

*Moisés Indignado por el Becerro de Oro por
William Blake, 1799-1800*

Otra práctica mencionada frecuentemente en la Biblia, pero sobre la cual los arqueólogos han encontrado escasa evidencia, era el sacrificio de niños. Los historiadores saben que muchas de las civilizaciones que rodeaban a Canaán efectivamente practicaban el asesinato de niños de dos meses o menos, pero no hay suficiente evidencia que indique que los cananeos aceptaran la misma práctica. Aun así, la Biblia menciona múltiples veces el sacrificio de jóvenes humanos, y es considerado uno de los grandes horrores de la salvaje y pecadora Canaán. Finalmente, muchas acusaciones se hicieron alegando que los cananeos practicaban artes mágicas prohibidas, o que hablaban con los muertos.

Excavaciones arqueológicas hechas en los siglos 20 y 21 contradicen partes de las escrituras cristianas y judías. Por ejemplo, muchos creen que los israelitas no fueron una etnia diferente, y que en realidad era parte de Canaán. Fragmentos de huesos y cerámica y documentos sobrevivientes parecen indicar que los israelitas gradualmente inmigraron a la región de Canaán en algún momento de los años 1100 a. e. c., en lugar de llegar al área por medio de una migración masiva desde Egipto. El dios cananeo El era frecuentemente mencionado al mismo tiempo que el hebreo Yahvé, y la mayoría de los documentos mitológicos sobrevivientes los consideran como la misma deidad con dos nombres distintos.

Los restos sobrevivientes de la mitología parecen demostrar un cambio en la forma en que la gente del Levante veía a sus dioses. Si bien la mayoría de los cananeos estaban contentos permaneciendo politeístas y mostrando su devoción a múltiples deidades, señalando a una de ellas como la más poderosa, los israelitas o un grupo de personas similar a ellos comenzaron a practicar el monoteísmo y a afirmar que solo una deidad era responsable por la creación del cosmos. El siguiente capítulo discute la religión cananea en más profundidad y proporciona una idea acerca de las prácticas que las escrituras judías y cristianas veían como pecadoras y malvadas.

Capítulo 7 – Religión y Culto

Los cananeos eran politeístas, lo que significa que adoraban a más de una deidad. Algunas secciones de la civilización también practicaban la monolatría. La monolatría es la práctica donde una cultura cree en la existencia de muchos dioses, pero elige adorar solo a uno. En la mayoría de las ciudades-estado y asentamientos, las deidades eran categorizadas en un sistema de cuatro niveles como se describe a continuación:

1. El nivel más alto, que consistía en El y Astarot
2. Deidades activas y dioses protectores como Baal
3. Dioses artesanos responsables por la artesanía
4. Dioses mensajeros que ejecutaban las órdenes de otras deidades

Muchas de las deidades tenían palacios en todo el cosmos, usualmente cerca de los fenómenos naturales que correspondían a sus poderes o áreas de control. Por ejemplo, el dios de la muerte vive bajo el mar en un enorme abismo, mientras que Hadad, el dios de las tormentas, vive en lo alto de las nubes. Durante los primeros años de Canaán no había templos oficiales o palacios de adoración, pero esto cambió alrededor de la Edad de Bronce Media. Algunos importantes dioses que no tienen su propia sección en este libro son:

- Dagón: el dios de los granos y cultivos

- Kotharat: la diosa del matrimonio y el embarazo

- Lotan: la serpiente de siete cabezas (también vista como un dragón)

- Nikkal-wa-Ib: la diosa de los huertos y las frutas

- Reshef: el dios de las plagas y la curación

Los estudiosos contemporáneos se han percatado que muchos de los dioses cananeos tienen contrapartes en el panteón que controlan la parte opuesta del espectro, como la diosa del amanecer reflejada en una diosa del crepúsculo. A continuación, se muestra una lista con algunas de las deidades más importantes, junto con los mitos existentes que los historiadores tienen.

El

En el idioma de los cananeos, "El" se usaba como un término genérico para cualquier dios del panteón, pero también para una deidad específica vista como el dios que estaba por encima de los demás. Él era el jefe de todos los panteones y generalmente se lo veía como una figura paterna para los otros. Los cananeos lo consideraban el creador de los humanos y de todas las criaturas en el universo. También engendró a muchos de los otros dioses, incluyendo a los poderosos Hadad, Yam, y Mot.

La mitología señalaba que vivía en una tienda de campaña en el monte de la noche, lo que posiblemente explica por qué normalmente no tenía templos para su adoración. En esta región había dos ríos que fluían de un arroyo con dos fosas, o lagunas. No se saben si contenían agua dulce o de mar, pero algunos plantean la hipótesis que alimentaban la vida en el cosmos.

Uno de los amuletos de Arslan Tash lleva una inscripción que los estudiosos contemporáneos creen que hace referencia a El. Los amuletos de Arslan Tash son talismanes descubiertos por arqueólogos en una excavación ubicada al norte de Siria. Según la traducción de Frank Moore Cross, esta dice:

El Eterno ('Olam) ha hecho un pacto de juramento con nosotros,

Astarot ha hecho (un pacto con nosotros).

Y todos los hijos de El,

Y el gran concilio de todos los Santos

Con juramentos del Cielo y la Tierra Antigua.[13]

Como muchas otras deidades en civilizaciones antiguas, El estaba asociado con el toro sagrado. Tanto él como su hijo mayor llevaban tocados con cuernos de toro. El toro simbolizaba fuerza y fertilidad, demostrando dos de las cualidades con las que El era asociado. No es de sorprenderse que el toro sagrado apareciera en la religión cananea por ser un símbolo común en muchas civilizaciones antiguas, apareciendo incluso en la prehistoria, antes de que existieran registros escritos. Existen pinturas de 17.000 años de antigüedad que muestran toros prominentes, las cuales se ubican en cuevas cerca de Lascaux, Francia, que poseen las mismas características, particularmente exageradas, y largos cuernos, tal como el toro sagrado de los cananeos.

Pintura Rupestre de Lascaux

---

[13] Frank Moore Cross, *Canaanite Myth and Hebrew Epic: Essays in the History of the Religion of Israel* (Cambridge: Harvard University Press, 1997), 17.

El tenía muchos nombres. Algunos de ellos incluían Tôru ʿĒl ("Toro Ēl" o "el dios toro"), qāniyunu ʿôlam ("creador eterno"), ʾabū banī ʾili ("padre de los dioses"), y ēl ʿôlam ("dios eterno"). Alrededor de los siglos 9 y 8 a. e. c., El también se volvió asociado a Yahvé, quien se volvería la máxima deidad de los israelitas. Estas palabras fueron encontradas en tablillas descubiertas en Ugarit, una antigua ciudad puerto en la Siria moderna. Algunos descriptores adicionales incluyen el de barba gris, lleno de sabiduría, y el antiguo. Numerosos mitos acerca de él discutían cómo surgieron los otros dioses, y que demuestran algunas de las áreas que se creían que estaba bajo su control.

En uno de ellos, El construyó un santuario en el desierto para él mismo, sus esposas, y sus hijos. Algunos académicos piensan que El controlaba regiones del mundo cubiertas en desiertos, pero este es el único relato que menciona a una región específica en lugar de todo el cosmos.

Otra famosa historia es un texto encontrado en Ugarit llamado *Shachar y Shalim*. El visitó el mar, vio a dos mujeres en el agua y se excitó. Les pidió a las dos mujeres que lo acompañaran, mató a un pájaro usando una lanza, y comenzó a cocinarlo. El solicitó que las mujeres le avisaran cuando estuviera listo, y que luego se dirigieran a él como su padre o su esposo, y que actuaría como tal con ellas. Ellas decidieron llamarlo esposo, tras lo cual durmieron juntos. Cada mujer quedó embarazada y tuvo un hijo. Estos dos bebés se volverían Sachar y Shalim, quienes se convertirían en el amanecer y el crepúsculo. Luego de más encuentros, estas dos esposas darían a luz a muchos otros dioses. No se conocen sus nombres, pero una gran cantidad de académicos piensa que al menos una de ellas era la novia jefe, Astarot.

Astarot

Astarot era la diosa madre en religiones semíticas antiguas y la consorte de El, aunque otras fuentes también indican que estaba casada con Yahvé, quien comandó la destrucción de sus templos para centrarse solamente en su adoración. Dependiendo de la fuente, se cree que Yahvé es otra forma de El, ya que los dos aparecen con frecuencia como una sola unidad en diversos textos. Como El, Astarot poseía varios títulos que mostraban su poder en el cosmos, entre ellos estaban rabat ʾAṯirat yammi ("dama Athirat del mar"), qaniyatu ʾilhm ("la creadora de los dioses"), Elat ("diosa"), y Qodesh ("santidad").

Sus sitios de adoración estaban generalmente marcados con postes de Astarot. Estos postes eran árboles sagrados o largos postes que se encontraban cerca de los sitios religiosos dedicados a esta diosa en Canaán, e indicaban que un templo estaba dedicado a ella. De acuerdo a múltiples textos ugaríticos, ella era la madre de más de 70 dioses, y estaba asociada con los cielos y la fertilidad. La Biblia hebrea también la menciona varias veces, en una de ellas según un culto que supuestamente practicaba su adoración con ídolos.

Existen varias estatuillas de Astarot, así como pictografías. La que se muestra a continuación fue encontrada en un fragmento de cerámica en la península del Sinaí. La traducción del texto parece decir "Yahvé y su Astarot", posiblemente en referencia a El y su esposa.

Yahvé y su Astarot

Mot

Mot fue uno de los hijos mayores y más poderosos de El. Servía como el dios de la muerte y el inframundo, y frecuentemente parecía tener conflictos con sus hermanos. Lo que es interesante acerca de su posición en la mitología cananea es que él era la personificación viva de la muerte, no solo el regidor del inframundo. Era adorado por varios pueblos además de los cananeos, incluyendo a la gente de Ugarit, los fenicios, algunos de los hebreos en el Antiguo Testamento Bíblico, y potencialmente los hurritas e hititas.

De acuerdo a textos descubiertos, Mot supuestamente vivía en la ciudad de Hmry (Mirey). Su trono era un enorme pozo, y la inmundicia era su herencia. Chocó cabezas con numerosas otras deidades, amenazando con devorarlas completas con su apetito monstruoso. Esto puede verse en algunas historias traducidas, incluyendo una donde Baal, quien pertenecía a la categoría de los mensajeros, daba instrucciones a los sirvientes debajo de él:

que no vengas cerca de la divina Muerte,

para que no te ponga com un cordero en su boca,

(y) ambos se dejarán llevar como un niño al cortar su tráquea.[14]

El apetito de Mot lo puso en aprietos en numerosas ocasiones. Cuando la deidad Baal (también llamado Hadad) lo invitó a cenar, en lugar de ello Mot amenazó con devorar a Baal e intentó cumplir esa promesa. Los otros dioses lo engañaron haciéndole creer que había tenido éxito, pero luego una de las hermanas de Baal se le escabulló por detrás y lo cortó con un cuchillo, pasó sus restos por un tamiz, lo trituró con una piedra de molino, y arrojó los restos a un campo. Mot tardó siete años en recuperarse, y amenazó nuevamente a Baal, exigiendo que le dieran de comer a sus hermanos. Ellos se negaron, y Mot amenazó con guerra hasta que él fue informado que su padre, El, lo expulsaría de su trono por su comportamiento. Mot reconoció su derrota y regresó al inframundo.

Baal o Hadad

Después de su padre, Baal era uno de los dioses más importantes de la religión cananea. Él era el principal dios de las tormentas y la lluvia, y generalmente aparecía barbudo, con un garrote, y un tocado de toro como su padre, El. Uno de los mitos más importantes lo enfrentó a su hermano, Mot, quien quería su posición en el cielo. Baal fingió estar muerto, y una de sus hermanas, quien también habría sido hermana de Mot, lo incapacitó por siete años.

---

[14] U. Cassuto, "Baal and Mot in the Ugaritic Texts," *Israel Exploration Journal* 12, no. 2.

Estela de Baal con Rayo

Baal parece haber tenido numerosos equivalentes en otras civilizaciones antiguas, incluyendo al griego Zeus, y al hitita Tarhunt o Tasheb. Existen algunos mitos donde él aparece de manera prominente, incluyendo uno donde lucha contra su padre, El. El designó a uno de sus hijos, Yam, y lo convirtió en el jefe de todos los otros dioses. Él exigió que asegurara su poder alejando a Baal de su puesto. Los dos pelearon, y Baal parecía estar perdiendo, hasta que el artesano divino, Kothar-wa-Khasis, golpeó a Yam en la espalda con dos garrotes. Baal luego terminó la pelea. Yam muere y Baal esparce sus restos al viento, asegurando su posición como el "jinete en las nubes".

Otro infame relato cuenta como Baal derrotó a Lotan, un dragón marino con muchas cabezas, con ayuda de su hermana. Desafortunadamente no quedan muchos documentos que expliquen su la victoria, aparte de afirmar que Lotan cayó en las manos de Baal. Finalmente, estaba el conflicto de Baal con Mot, parcialmente explicado anteriormente. Cuando el palacio de Baal fue construido, él invitó a muchas de las otras deidades a un lujoso banquete. Mot se sintió ofendido cuando se le pidió comer pan y vino, cuando él tenía un voraz apetito, y por ello comenzó la guerra con Baal. Esta solo terminó cuando El intervino y les dijo a sus hijos que estaban en las posiciones adecuadas, y que ningún conflicto continuaría.

Los motivos de tormenta y lluvia de Baal fueron naturalmente asociados con la agricultura y la fertilidad. Sin él, los cananeos no habrían tenido cultivos germinantes, ni tampoco cultivar alimentos ni conseguir agua de lluvia. Esto se ve en el mito donde él lucha con Mot, ya que su supuesta muerte resulta en una larga sequía que azota la tierra de los mortales. A medida que la Edad de Bronce avanzaba, los mitos comenzaron a incorporar la idea de que Baal también era una deidad temible y belicosa, que usaba su control sobre las tormentas como un arma contra sus enemigos.

Yam

El príncipe Yam era el dios cananeo del mar, responsable por el agua y las criaturas que viven en ella. El era uno de los hijos originales de El, y es frecuentemente comparado con Poseidón en tiempos contemporáneos. Vivía bajo el océano en el abismo, donde construyó su palacio. Muchos mitos lo consideran como el dios sobre el poder primordial del mar, en constante furia. También controlaba las tormentas que llevaban marinos a sus muertes.

Quedan muy pocos mitos sobre Yamm, excepto sobre el de su lucha con Baal, explicado anteriormente. A continuación, se muestra un fragmento traducido de un documento recuperado sobre la lucha:

Y el arma brota de la mano de Baal,

Como un rapaz entre sus dedos.

Esta golpea el cráneo del príncipe Yam,

entre los ojos del juez Nahar

Yamm se derrumba, y cae a la tierra:

sus articulaciones se estremecen, y su columna tiembla.

Entonces Baal arrastra a Yam y lo corta en pedazos;

Acabaría con el juez Nahar.[15]

Luego de su derrota, pareció que los cananeos lo veían como muerto, mientras continuaban adorándolo, una extraña contradicción. Los documentos lo asociaban con un leviatán, y uno de sus sobrenombres era "la serpiente", además de "juez Nahar". Algunos estudiosos creen que su batalla contra Baal fue un clásico ejemplo de un mitema de Chaoskampf, que esencialmente es una leyenda donde un dios derrota al ser primordial del caos.

---

[15] Traducción estándar de *Key Alphabetische Texte aus Ugarit*.

Destrucción de Leviatán por Gustave Doré

Anat

Una deidad final que debe ser mencionada es Anat, la diosa virgen de la guerra. Ella era la hermana de Hadad, Mot y Yam, y jugó un rol fundamental en numerosos mitos. En el *Ciclo de Baal* ugarítico, ella es principalmente mencionada como la hermana y posible amante de Baal (Hadad), y era la diosa que cortó y molió a Mot antes de esparcirlo en un campo en venganza. Ella era una figura interesante en civilizaciones antiguas, ya que era una deidad femenina de guerra en una época donde la mayoría de los dioses guerreros eran hombres. Algunos historiadores la comparan con Atenea, la diosa griega de la sabiduría y la guerra.

Unos pocos fragmentos de los documentos ugaríticos la presentan como una figura intimidante e imponente. Un pasaje la describe vadeando por charcos de sangre que llegaban hasta las rodillas en un campo de batalla, salvaje, vengativa, y feroz. Ella cortaba las manos y las cabezas de sus enemigos, y luego los colgaba de su cinturón y exhibía como trofeos. También atacaba a los no combatientes, y expulsaba a los ancianos y habitantes de sus asentamientos bombardeándolos con flechas desde su arco. Anat afirma haber sido la destructora de muchas otras deidades, incluyendo la serpiente de siete cabezas, Zabib, Atik, Yam, e Ishat.

Otra historia protagonizada por Anat, pero que está incompleta en los textos ugaríticos, es su búsqueda de un arco que creía que era legítimamente suyo. Fue hecho por la deidad de un artesano, y estaba destinado a Anat, pero luego fue entregado a un mortal como un futuro regalo para su hijo. Furiosa, Anat exigió a El que le permitiera vengarse, y envió un halcón para golpear al hijo del hombre y recuperar el arco y las flechas que lo acompañaban. En cambio, el halcón lo mata accidentalmente, y es perseguido hasta el mar por la iracunda Anat, y el arco se pierde. La historia termina cuando la hermana del hijo asesinado comienza a buscar venganza por la asesina de su hermano.

Prácticas Religiosas

Muchas deidades cananeas eran adoradas y representadas por estatuillas ubicadas en las cimas de los cerros. Lugares altos rodeados por árboles eran también considerados sagrados, y eran específicamente prohibidos y atacados por la Biblia y el Antiguo Testamento. Era en estos tipos de ubicaciones que los especiales postes de Astarot eran colocados.

Los arqueólogos han encontrado poca información relacionada a cómo los cananeos adoraban a sus deidades más allá de la construcción de templos. Alrededor de estas estructuras, los académicos descubrieron huesos de muchos animales, incluyendo burros. Muchos profesionales creen que los cananeos sacrificaban animales como forma de pagar tributo a los dioses y asegurar cosechas abundantes y gente próspera.

Sobre si había o no sacrificios de niños aún es objeto de debate. La biblia hebrea muestra a los cananeos sacrificando cientos, sino miles, de bebés de un mes de edad al dios Mot, pero existe poca evidencia física que apoye esta teoría. Si bien muchas de las civilizaciones circundantes en el Levante sí recurrían a esta práctica, los documentos no contienen ninguna referencia sobre si los cananeos también lo hacían. También se hacían ritos sexuales de fertilidad, pero eran infrecuentes y no formaban parte del culto diario. Los ritos de fertilidad generalmente se relacionaban a la fertilidad agrícola más que con la de humanos o animales; ya que la lluvia era tan escasa en Canaán, la gente se concentraba en intentar convocar a las tormentas o complacer a Baal para que los cultivos germinaran y crecieran.

Las prácticas religiosas de los cananeos enfatizaban mucho los funerales. Los niños eran responsables del cuidado y tratamiento de los cuerpos de sus padres, y se esperaba que se encargaran del entierro. Los hijos mayores solían elegir los preparativos, y no era raro que las personas fueran enterradas con una de sus posesiones. Las personas adineradas generalmente tenían algo para mostrar su riqueza.

Conclusión

Entonces, al final ¿qué les ocurrió a los cananeos? Ya que la civilización no mantenía registros propios, es difícil para los historiadores reconstruir la situación exacta de los miembros restantes del otrora gran pueblo. Sin embargo, nueva evidencia arqueológica arroja algo de luz acerca de donde los cananeos podrían haberse ido. ADN obtenido de esqueletos encontrados alrededor del Levante indican que las personas de Canaán parecieron integrarse en otras sociedades y civilizaciones existentes, y lograron transmitir su material genético.

En particular, un estudio realizado por Marc Haber, un genetista, descubrió que el ADN obtenido de una muestra de 99 personas libanesas coincidía en un 90 por ciento con las muestras obtenidas de antiguos esqueletos cananeos. Basados en esta información, es posible para los historiadores y científicos inferir que los cananeos no abandonaron la región, y que, en cambio, se mezclaron con otros pueblos.[16]

---

[16] Marc Haber, et al. "Continuity and Admixture in the Last Five Millennia of Levantine History from Ancient Canaanite and Present-Day Lebanese Genome Sequences". *The American Journal of Human Genetics* 101, no. 2 (July): 274-82. https://doi.org/10.1016/j.ajhg.2017.06.013.

Este uso del ADN tuvo un beneficio adicional, Haber y su equipo pudieron determinar exactamente de donde se originó la gente de Canaán en primer lugar. Nuevamente, basándose en estas muestras, Haber y otros determinaron que la población de Canaán eran mitad agricultores que estuvieron en la región por 10.000 años, mientras que la otra mitad coincide con ADN de pueblos originados en Irán. Estos datos sugieren que hubo una migración masiva del este hace más de 5.000 años desde Irán al Levante.

Cuando se trata de pueblos antiguos, descubrir qué ocurrió es en parte examinar documentos y en parte ciencia. Como ocurre con cualquier fuente sacada de la historia, los registros antiguos deben tomarse con cautela, porque a menudo existen prejuicios inherentes por parte de los escritores. Por ejemplo, los egipcios podrían representar a Canaán como débil, ya que fueron enemigos en diferentes épocas. Los registros también suelen ser destruidos por el tiempo, por lo que los investigadores deben rellenar los huecos de la mejor manera posible. La ciencia puede ayudar a rellenar estas áreas en blanco, como es el caso de lo que sucedió con los cananeos. Basados en evidencia, pareciera que la civilización cananea simplemente fue dominada por una cultura diferente en la región, en este caso, los israelitas.

El legado de Canaán en la civilización occidental no es bueno. Debido a que gran parte de la cultura occidental se basa en información escrita en la Biblia, muchas personas creen que los cananeos eran un pueblo pecador que cometía atrocidades como sacrificios de niños, pero los científicos e historiadores no están tan seguros. A medida que se descubra más información, tal vez el legado de Canaán cambie y se vuelva más positivo.

Vea más libros escritos por Captivating History

Referencias

Cross, Frank Moore. *Canaanite Myth and Hebrew Epic: Essays in the History of the Religion of Israel.* Cambridge: Harvard University Press, 1997.

Cassuto, U. (1962). "Baal and Mot in the Ugaritic Texts". *Israel Exploration Journal.* 12 (2).

Eiríksson, Jón, et al. 2000, "Chronology of late Holocene climatic events in the northern North Atlantic based on AMSC dates and tephra markers from the volcano Hekla, Iceland". *Journal of Quaternary Science,* 15 (6).

Finkelstein, Israel y Neil Asher Silberman. *The Bible Unearthed: Archaeology's New Vision of Ancient Israel and the Origin of its Sacred Texts.* Free Press: 2001.

Haber, Marc, et al. "Continuity and Admixture in the Last Five Millennia of Levantine History from Ancient Canaanite and Present-Day Lebanese Genome Sequences". *The American Journal of Human Genetics* 101, no. 2 (July): 274-82. https://doi.org/10.1016/j.ajhg.2017.06.013.

Hornung, Erik. 'The Pharaoh' in Sergio Donadoni, *The Egyptians.* The University of Chicago Press, 1997.

Keilalphabetische Texte aus Ugarit.

Lipiński, Edward. 2004. *Itineraria Phoenicia*, 139-141.

Na'aman, Nadav. *Canaan in the 2nd millennium B.C.E.* Eisenbrauns: 2005.

Sparks, Kenton L., *Ethnicity and Identity in Ancient Israel,* Eisenbrauns: 1998.

www.ingramcontent.com/pod-product-compliance
Lightning Source LLC
LaVergne TN
LVHW041649060526
838200LV00040B/1767